xhabir tabaku

letra nga çmendina

prozë e shkurtër

Titulli: **LETRA NGA ÇMENDINA**

Autor: **Xhabir TABAKU**

Redaktore dhe konsulente letrare: **Mariola PORO**

Ilustrimi i kopertinës: **Abbas RAMADANI**

prindërve të mij Enver dhe Saime Ramadani, për
fëmininë e bukur që më dhanë!

*Nëse po e humbni shpirtin dhe jeni të vetëdijshëm mbi këtë, atëherë ju
ka mbetur ende shpirt për të humbur...*

– Charles Bukowski

Parathënie

Këto histori të shkurtra, janë fotografi shpirtërore... momente të ngrira në një fluks të pandërprerë. Janë jehona e të qeshurit dhe lotëve, pëshpëritjet e shpresës dhe dëshpërimit. Çdo narrativë është një univers më vete, por e ndërlidhur nga një fill i përbashkët.

Në këto faqe, lexuesi ndeshet me një spektër emocionesh, nga thellësia e pikëllimit deri në kulmet e gëzimit. Aty, do të dëshmojë dashurinë në format e saj të brishta dhe të trazuara; do të eksplorojë kompleksitetin e shpirtit njerëzor, aftësinë e tij për mirësinë e tejskajshme dhe mizorinë e errët.

Këto copëza historish, dashur-padashur, rezonojnë me të gjithë ne në njëfarë niveli, duke ofruar një paraqitje të shkurtër të përvojave që na lidhin së bashku.

Brenda këtyre rreshtave, do të gjeni personazhe që luftojnë me kompleksitetin e ekzistencës. Ata kërkojnë, dëshirojnë, luftojnë. Rrëfimet e tyre janë fragmente të një mozaiku më të gjerë, një testament i përvojës njerëzore.

Lërini këto histori t'ju sfidojnë dhe frymëzojnë ndërsa lundroni në rrugëtimin tuaj mes faqeve të këtij libri, me ndalesa tranzit mes Londrës e Tokios moderne e herë-herë, Shkodrës shekullore, zhegut të Shëngjinit a brigjeve të egra të Bunës, aty ku ngjarjet ndërthuren si në universe paralele; vende ku jetët e zakonshme, kryqëzohen me ngjarje të jashtëzakonshme. Aty ku ndihet fort jehona e shpritrave, por edhe fragmente që rrëshqasin në një kakofoni heshtjeje.

Në këto rrëfenja, shohim edhe fragmente të shpirtit dhe mendjes të autorit. Ai, nëpërmjet tyre, na dhuron një biletë në rrugëtimin brenda zemrës së qyteteve, shpirtrave të trazuar të njerëzve dhe mendjeve të tyre të stuhishme, duke na bërë bashkudhëtarë drejt eksplorimit të thellësive të fshehura dhe duke na ngjitur në lartësi marramendëse.

Aty përplasemi sa mes gëzimit dhe dashurisë, aq edhe humbjes, shpresës dhe dëshpërimit, triumfit dhe tragji-komikes. Çdo histori, një aspekt ndryshe që pasqyron shpirtin shumëdimensional të njerëzve dhe skutat më të thella të qyteteve.

Autori, deri më tani poet i afirmuar, paraqitet për herë të parë duke lëvruar prozën në këtë botim unik në llojin e vet.

Stili i shkrimit me germë të vogël dhe pa kryeradhë, është preferencë e tij personale dhe një risi në shkrimet e letërsisë moderne. Autori ndërthur letraren me gegërishten (si një trashëgimi kulturore dhe shpirtërore të tij), duke i dhënë kështu gjuhës, një melodiozitet ndryshe.

Historitë jolineare dhe abstrakte në rrëfim (shpesh të lëna pezull), e bëjnë edhe më misterioz leximin, duke krijuar një varësi të ëmbël-thartë për rrëfimin e radhës, që do të doje të vazhdonte pambarimisht...

Mariola Poro

Redaktore letrare

prolog

ndërtesa, tregje plot zhurmë, librari, qoshe të errëta ku pëshpëriten sekrete... të gjitha dëshmojnë për jetët që u shpalosën brenda "përqafimit" të tyre.

histori të para në një pasqyrë të thyer, që reflektojne imazhe të shtrembëruara të njerëzimit të mavijosur, që mezi merr frymë.

në planin e parë ka dritë... por është "errësira" mes rreshtash, mjegulla që shpesh mbulon shpirtrat, momenti ku narrativa merr një karakter tjetër, duke nxjerrë në sipërfaqe sekrete që mezi ç'presin të rrëfehen.

pjesa e parë

vajza me biçikletë

isha mërzitur. isha mërzitur paq. jeta, ndonëse optimist nga natyra, nuk po më hynte në sy. kur them nuk më hynte në sy, e kam fjalën për një gjendje që do ta ndërrosh, por asnjë hap nuk e hedh dot.

ishte shkurt, dita e tretë e muajit, kur mora vizën për në Angli në ambasadën angleze në Pragë. atje gjendesha për një vizitë dyjavore për ca punë të miat. e provova dhe pata fat. ma dhanë pa as më të voglin problem. u çudita. kështu, mora rrugët e botës papritur e paplanifikuar.

Londra! Londra ishte metropoli që kisha ëndërruar që në vogëli. në shtëpi kisha shumë libra e, në mesin e tyre, një tekst shkollor gjeografie, botim i vitit 1937. nuk e di si kishte mbetur në raftin tim ai libër, por di që mund ta kem shfletuar me dhjetëra herë. kishte fotografitë e çdo kryeqyteti apo qyteti të rëndësishëm të Evropës dhe Amerikës Veriore. me laps të kuq, kisha rrethuar qytetet ku ëndërroja të shkoja një ditë për të jetuar. sigurisht që Londra ishte e para që pata rrethuar. ishin edhe disa qytete të tjera, që nuk e di se si e pse, por ishin në rreth të kuq. ndoshta arsye romantike! sigurisht që kjo duhet të ketë qenë, pasi ç'dreqin doja unë në një qytet si, fjala vjen, Graz?! përgjigjen mundohesha t'ia jepja vetes në përputhje me logjikën që do të kish' mundur të më orientonte ashtu. për shembull, Grazin, mendoja se mund ta kisha rrethuar me të kuqe nën efektin e Cvajgut. ai ka qenë shkrimtari që ma ka cytur dëshirën për prozën e shkurtër. po të më pyesje kur isha trembëdhjetë - katërmbëdhjetë vjeç se si do të kisha dashur të quhesha, sigurisht që do të thosha Stefan, Stefan Cvajg.

arrita në Londër në orën katër e pesëdhjetë minuta të mëngjesit. sa u kryen formalitetet në zyrat e aeroportit, dola. harrova se do të kisha kohë mjaft për ta gjezdisur qytetin sa të doja dhe vrapova për te radha e taksive. hipa në një të tillë. ishte automjet i çuditshëm; as i rehatshëm, as modern e as qytetar. m'u duk si kashun, si ato arkat e nusërisë së gjysheve tona. ama ishte e lartë e mund të qëndroje edhe në këmbë po të doje. zura vend mbi një valixhe të madhe që kisha marrë me vete. nuk dija ku do të shkoja, ndaj kur shoferi më pyeti, i thashë me zë të mekur: "*Ritz*... hotel". isha i pasigurt nëse e kujtoja mirë emrin e hotelit nga një libër që kisha lexuar në rininë e hershme. "Nëpër analet e diplomacisë angleze" e ka pasur titullin. më kujtohej që, autori i librit, kur fliste për qëndrimin e mbretit Zog I në Londër, thoshte se fillimisht pat' zgjedhur për rezidencë *"Ritz Hotel"*. shoferi heshti e kjo më lehtësoi, pasi mendova se e kisha të memorizuar saktë dhe e kisha shqiptuar drejt. ndërkohë që ai grahte mjetin e tij në heshtje dhe radioja lëshonte në volum të ulët tinguj të një muzike të largët amerikane, unë u zhyta në kujtimet e rinisë, i nxitur edhe nga libri që më ra ndër mend. ai libër ka qenë ndër të parët, që babai im, ndjesë pastë, më pat' ofruar në kursin tim të zogizmit.

"le të fillojmë kështu!" pat' thënë ai. më pat' fërkuar shpatullat duke më këshilluar se duhej të lexoja sa më shumë, që të arrija të realizohesha sipas meje e jo si më thoshin të tjerët. me "të tjerët", nënkuptonte qeverinë e asaj kohe.

"ti tani je bërë burrë tanimë e njeh të keqen dhe të mirën."

atëbotë ishin ditë të vështira për familjen tonë. ishin kohë frike e presioni, por edhe varfërie e dyzimi. babai ishte fjalëpak. kur më këshillonte, përdorte një metodë të veçantë, të cilën e kishte përpunuar e rafinuar deri në përkryerje; përmes historish. kjo ishte metoda e tij. më tregonte një ndodhi e më shihte drejt e në sy, sikur përmes syve të donte të më depërtonte në mendje, për t'u siguruar që e kisha marrë mesazhin.

babai kishte bërë burg. jo shumë. vëllai i tij po. dy herë nga dhjetë vite. xhaxhai ishte në burg në kohën të cilën po kujtoj. unë e kisha parë disa herë kur isha fëmijë, më vonë filluan të mos më linin më.

nëna ime dhe halla shkonin rregullisht. babait ia kishte ndaluar xha Xhavidi. ai nuk donte t'i hynte gjemb në këmbë vëllait të vet. sa për nënën, ajo ishte trimëreshë, si në libra a filma. kishte një karakter të ashpër, që e përdorte si mburojë.

"jam thekur rrugëve të Burrelit qysh e vogël", më thoshte shpesh. ajo kishte pasur njëherë e një kohë tre meshkuj nga shtëpia në burg. të atin, xhaxhain e të vëllanë. më vonë edhe daja tjetër kishte rënë në burg. nëna s'donte t'ia dinte, pra! "le të më fusin edhe mua në burg!", thoshte. "pak më kanë dënuar!"

ndoshta nëna ime, ishte ndër njerëzit që kishte shkuar dyerve të burgjeve më shumë se kushdo. më tregonte qindra histori, por njërën, nuk mund ta tregonte kurrë pa iu njomur sytë. më thoshte se kishin shkuar nga Shkodra deri në Milot mbi një karroceri makine dhe kishin ngrirë krejt, sepse kishte qenë dimër tmerrësisht i ftohtë. acar thoshte, acar. në Milot kishin pritur, por shoferët nuk i merrnin. "gratë e bënin rrugën e Burrelit në grupe", më tregonte ajo. "donin të shmangnin mundësinë e ndonjë rreziku apo bezdisjen nga shoferët. harbutët!" kur isha i vogël, më thoshte që mund të bëhesha çfarë të doja kur të rritesha, por shofer jo. kurrë! kishte dëgjuar histori drithëruese për shoferët. kishte pasur raste kur kishin dashur edhe t'i përdhunonin gratë e të burgosurve, ndaj ato, kurrë nuk e merrnin rrugën për Burrel të vetme.

"vajtëm te burgu. na lanë në pritje për tri orë të gjata nën fshikullimën e murlanit e të ftohtit, si në Siberi. Pastaj, na lejuan të shiheshim me tanët, por nga larg. kishim ndërmjet, dy rreshta me tela me gjemba. ndërkohë që ne flisnim me tanët, policët hanin ushqimet që u kishim sjellë tanëve. njëra nga gratë qante. ajo vinte rrallë, sepse kishte katër fëmijë.

punonte në fermë e paguhej keq, pasi mungonte shumë në punë, duke qenë se ishte e sëmurë me tuberkuloz.

'të lutem', i tha ajo policit, 'mos ia hani të gjithë ushqimin, mos!'.

"policët", vazhdonte nëna, "atë donin, të na shihnin të dobësuara e duke qarë. njëri nga ata kishte një fytyrë të thatë, me hundën si shkabë e dhëmbë të rrallë e të verdhë. nuk do t'i kish' larë ndonjëherë, qelbësira! flokët e shpupurishur e lëkurën e verdhë në jeshile. Nikollë e kishte emrin. m'u zu fryma e fillova të thërrisja. 'turp! turp a ke, o i pander?' im atë më shihte me vërejtje, si të donte të më thoshte: 'mbylle të shkretën! a s'i njeh?!'

na i përsheshën krejt ushqimet, pasi hëngrën sa deshën. na shihnin me urrejtje... 'shkoni tani!', na thanë. 'mjaft u patë e u dëgjuat me këta mutërit tuaj. pirdhuni!'

"ishte natë e madhe", përsëriste nëna duke iu dridhur gusha e duke iu grumbulluar lot në sy. "Natën e Kadrit të paktën, shpresonim të kishin një iftar si njerëzit. Nexhi, më e moshuara nga ne, na tha rrugës se kastile e kishin prishur ushqimin.

'natë e madhe për ne, por jo për ata. atë, Nikollën, do ta mbys me duart e mia, kur të vijë dita!' u shfreh Nexhi."

*

* *

kur arritëm para hotelit, taksixhiu më tha se do të më ndihmonte ta ngjisja valixhen deri tek dhoma. i thashë "jo", duke e falënderuar pasi pagova. nuk kisha rezervim gjithsesi, por e kuptoja se bakshishi ishte normë jashtë vendit tonë e unë nuk doja të shpenzoja pa nevojë. sa hyra në korridor, u shtanga. "budalla!", i thashë vetes. "ai ka qenë mbret more, si kujtove ti, se do të shkonte në hotele të dorës së dytë?! këtu ndoshta të nxjerrin jashtë fare."

iu afrova banakut dhe, një zonjë grua e sjellshme, më trajtoi me respekt e dashamirësi. "aristokracia angleze", mendova. kur më pyeti se si e kisha gjetur hotelin, i tregova të vërtetën. i thashë që nuk njihja asnjë hotel tjetër në qytet, i fola për mbretin e vendit tim. zonja buzëqeshi dhe, me një të tundur të kokës, deshi të më rehatonte ngase, si duket, kishte dalluar nervozizmin dhe ankthin që më kishte kapluar. edhe unë po e dalloja veten. kur më tha se dhoma më e lirë ishte 360 sterlina, desh më ra tavani kokës. "kurrë mos e jep veten lirë!", më porosiste xhaxhai, kur më bënte "kursin e zotnillëkut", siç e quante ai. "edhe nëse je ngusht', mos u jip, o xha!", më thoshte. ashtu si në mjegull, m'u sollën fjalët e tij ndër mend. gjyshi im ka qenë tregtar mobilierie dhe i është dashur të flinte shpesh hoteleve të Evropës, sidomos në Itali. më porosiste përherë të isha fisnik në mendim, mbasi do të vinte dita jonë, e unë duhet të dija të sillesha si fisnik, siç na e hiqte dera. dita ime, e zeza, ishte mu para meje. para atij që nuk duhej ta jepte veten lirë e para atij që duhej të mendonte si fisnik, siç ia hiqte dera pra.

në rregull, thashë dhe bëra të paguaja. më tërhoqi në anë të banakut zonja e me zë të ulët e të ngrohtë më pyeti nëse isha student.

– jo, – ia ktheva, por ky ishte synimi im, të ndiqja shkollën.

– ju nuk duhet të flini këtu nëse nuk e keni të domosdoshme, – më tha, duke parë anash. – me kaq para mund të paguani banesën për një muaj. shkoni në Soho.

më ofroi një kartë biznesi të një hoteli aty. e falënderova shpejt dhe pa një pa dy, fluturova jashtë. i ngrita dorën një taksie tjetër e duke hyrë brenda, shqiptova fjalën: "Soho!". se ç'ishte Soho, nuk ia kisha idenë. qytet? katund? kur e pyeta shoferin, më tha se ishte emri i njërës nga zonave të qytetit, ku ishin të përqendruar artistë, studentë, etj, etj...

– ka edhe *prostis*, – tha ai duke më hedhur një shikim prej bandilli. – përpara ka qenë mbushur dhe çmimi ishte i ulët, por ka disa vite që kanë vënë dorë dhe tani duhet të dish t'i gjesh e pagesat janë të kripura.

para se të mbërrija në Londër, kisha frikë se mund të kisha problem me të folurën, ndonëse kisha punuar si përkthyes në Tiranë në një shoqatë daneze. anglisht flisnim tërë ditën. e pyeta nëse dinte ai ndonjë hotel të lirë. i tregova kartvizitën që më pat' dhënë zonja në *"Ritz"*.

– ky është i mirë, – më tha ai, – por ka edhe më të lirë.

më shpuri tek një trekatësh, që më shumë dukej si shtëpi e stërmadhe fshati sesa hotel.

— janë çifutë, — më tha, — *Yiddish*. duken të çuditshëm, por janë të mirë e të lirë.

më uroi fat e më tha se do të mund të shiheshim, pasi sillte çdo të premte pasdite një grup tek hoteli.

*

* *

dola për një shëtitje të vogël, pasi bëra një dush me ujë të nxehtë në banjën e dhomës. të zotët e hotelit ishin çifutë, nga ata ortodoksë. me veshje të zeza e të bardha e me ca flokë të përdredhur përgjatë veshëve. mbanin kapela të zeza me strehë të gjera tërë kohës. burrat, lëshonin të gjithë mjekra. mjekra të gjata e të shkujdesura. gratë dukeshin serioze, pak të serta, por me kalimin e kohës, kuptova se nuk ishin të liga. *mrs*. Gros bile, më donte shumë. ishte mbikëqyrësja e të gjithëve që punonin në hotel. ndërtesa nuk kishte as tabelë me emër e as ndonjë pamje hoteli. nganjëherë më dukej sikur e kishin aktivitet fitimprurës të palicensuar apo edhe ilegal. sigurisht që jo, por mendja ime ishte nën inercinë e vendlindjes.

tek ecja rrugës, i kushtoja vëmendje çdo gjëje që shihja: shtëpive dykatëshe me tulla, dyqaneve me qepena-ruletë llamarine, mureve prej grafiti, vajzave e djemve të shpenguar e të veshur thjesht. i krahasoja me të rinjtë e Tiranës. këta këtu në Londër ishin më të qetë në pamje, më të sigurt e më të thjeshtë në krahasim me rininë tonë pak të pasjellshme e disi arrogante. më vjen zor të them, një çikë "fyçkë", po ashtu... por "Zot, sa fytyra të bukura që kanë tanët!" mendova. "si drita".

u ndala në një dyqan turk për të ngrënë një doner. hyra brenda, ngase pashë të shkruar *Hallall Food* në xham të dyqanit. mendova duke ngrënë se, ky do të ishte dyqani i përhershëm ku mund të haja pa frikën se mund të prekja diçka të ndaluar, por shpejt, pashë se isha gabim. pëveçse në hotel kisha të paguar bashkë me fjetjen edhe mëngjesin, në Soho kishte plot restorante turke e pakistaneze. e shumta ishin *fast food*. restorantet e shtrenjtë ishin italianë e francezë. i frekuentoja nganjëherë edhe ata, pasi e shumta e kamerierëve ishin dora jonë e më përgatisnin peshk. qeshnin nganjëherë duke më shkelur syrin e duke më thënë: "haje pa frikë, nuk është peshk derri!". kishte edhe restorante lloj-lloj në *"Greek Street"*, aty afër më thoshin, por nuk shkoja si fillim. megjithëse jam trajnuar të mos kem paragjykime dhe të jem mendjehapur, prapëseprapë nuk i shpëtoja klientelizmit në marrëdhëniet me njerëzit. ndihesha mirë kur shkoja tek vëllezërit. një *"good night, bro"*, më ngrohte para se të largohesha nga aty. anglezët, janë njerëz të thjeshtë e me shumë prej tyre do të zija shoqëri më vonë. disa më kanë ftuar edhe në shtëpitë e tyre.

u solla e u vërtita nëpër Soho sa munda, derisa më ranë këmbët. mbaja shënime për ndërtesat me interes për mua si: biblioteka, stacioni i trenit, i autobusit etj. bleva gazetën *"The Mirror"* e shkova drejt e në shtrat, por s'lexova gjë. fjeta deri të nesërmen në drekë. kishte kohë që nuk kisha fjetur aq gjatë. *mrs.* Gros nuk ma kishte sjellë ushqimin e mëngjesit.

— e parashikova se do të flije gjatë, — më tha, duke më lëshuar në dorë tabakanë me ushqim e duke më kthyer shpinën pa pritur t'i thoja "faleminderit". një vezë e zier, reçel, një gotë qumësht, djathë e dy feta bukë. shyqyr, thashë që nuk paska mish. më vonë mora vesh se ata, sikurse ne, nuk e përdornin derrin si ushqim. sa mirë kështu! do ta haja mëngjesin përditë tek hoteli. "një shpenzim më pak", mendova.

dola nga aty, duke ngritur fytyrën nga qielli. qielli ishte plot diell e dita jo e ftohtë. një ndër ditët e pakta me diell në Londër (më rezultoi më vonë). kisha mbyllur kështu ditën e parë në metropolin britanik. ndihesha i ngazëllyer, më dukej se "më kish' ardhur dita", siç më thoshte gjyshi. fisnikëria nuk të mungon, i thoja vetes, duke buzëqeshur si i marrë, në heshtje.

*

* *

u vendosa në atë zonë të qytetit, që më pëlqente jashtë mase. Soho. nuk kaloi shumë e u familjarizova me mëhallën e me vendet e interesit tim. që atëherë, e kam bërë praktikë të ndërtoj prioritetet e pastaj të veproj shpejt e shpejt.

nuk mbahem për punëtor i qitur, por do ta urreja veten po të isha dembel. jo jo, s'kisha se si të dilja dembel nga prindërit e mi. ata të dy kanë qenë punëtorë të rrallë. babai, përveç punës si mekanik, kishte pasion peshkimin. përditë pasditeve, merrte kallamat e peshkimit e ia mbante në Bunë a liqen, e më vonë, Zoti e di ku, nëpër hurdhat e Tiranës. por për çudi, pothuaj përditë zinte kur shkonte për të peshkuar. ne ishim të varfër dhe peshku që sillte babai, ato pak zarzavate që mbillte nëna në bahçe dhe ato tre-katër pula që mbanim, na ndihnin tej mase. babai ishte i rregullt e nuk shpenzonte për gjëra kot. duhanin e pinte me masë e për alkool as bëhej fjalë. i vetmi lëshim që bënte në këtë drejtim, ishte një shishe që mbante diku mbi një dollap në kuzhinë, vetëm kur vinte ndonjë mik që e pinin bashkë. e ata nuk ishin të shumtë. pothuaj të gjithë shokë burgu me xha Xhavidin. kur liroheshin nga burgu, apo siç thoshin ata me të qeshur, kur vinin "me pushime" në shtëpi, duke lënë të nënkuptohej që mund të kishin fatin e zi si Xhavidi, të binin brenda për herë të dytë.

kurse nëna, punonte deri natën vonë. ajo ishte mjeshtre e gjuhës angleze. e kishte mësuar atë që në vogëli. kishte pasur një mësues që kishte pas' studiuar në Oksford të Anglisë. Xhelal e quanin, por nëna e thërriste axha Xhelë. Xhela vinte nganjëherë në shtëpinë tonë kur e sillte ndonjë hall në Tiranë. vinte bashkë me të shoqen, Hylemen. Hylemja nuk më pëlqente kur isha i vogël. "më duket si dreq", i thosha nënës. ajo gajasej e një herë ma bëri plojën. "Hylem", thirri ajo nga kuzhina, "ky mendon se je dreq. hahaha!" e urreva për këtë. nejse, e shkreta kishte sëmundje mendore. nuk më kujtohet se çfarë, por vinte me Xhelën çdo tre-katër muaj për të parë doktorin.

Xhelën e doja shumë. ai ishte ndër më të dashurit, nga vizitorët e shumtë që kishim në shtëpi. ai e ndiente këtë dhe kërkonte ta justifikonte disi, duke më tërhequr mënjanë sikur të isha i rritur dhe sikur po më besonte diçka me rëndësi. më fliste për kohët kur kishte qenë student në Oksford, për vajzat e bukura e aristokrate nga të katra anët e botës. më tregonte edhe për ndonjë biçim simpatie që kishte pasur ndonjëra për të; kur e bënte këtë, përherë e shoqëronte me një të shtyrë të lehtë që më jepte me bërryl e një të shkelur të syrit, sikur të donte të thoshte "tani ik! por mos fol". unë vetëm buzëqeshja e ia rrihja shuplakën për shuplakë, si "burrë" i vogël që isha.

e pra, ajo anglishtja që nëna kishte zënë nga axha Xhelë, na ka pas' kryer goxha punë. krejt të veshurën e të mbathurën, nëna na e mbulonte me punët jashtë orarit. nga ora shatë deri vonë me anglisht. ata e paguanin. kur banonim në Shkodër ishte kollaj, mbasi të gjithë fëmijët që mësonte, ishin të dorës sonë e nuk kishte frikë, por pasi u vendosëm në Tiranë, druhej, mbasi nuk i njihnim njerëzit. ngadalë-ngadalë krijuam lidhjet tona me ndihmën e disa pak shkodranëve që ishin prej kohësh në Tiranë. familjarët e shokëve të xha Xhavidit, sigurisht që i merrnim si të besuar, kështu që nëna, arriti në më pak se shtatë-tetë muaj të jepte anglisht (më kujtohet që nuk i ngarkonte shumë familjet e nxënësve nga ana monetare).

*

* *

dola për të parë për punë. nuk kisha ndonjë ide të qartë se çfarë do të kërkoja, por mora rrugën gjithsesi. uroja të kisha fat e të gjeja diçka në zonën ku banoja. e kisha shumë për zemër atë pjesë të Londrës. ndonëse nuk e kisha vizituar ende qytetin, nuk kisha dyshim që fati më kishte hedhur në një vend të mirë e më duhej ta mbaja fort. pasditeve shkoja te biblioteka publike dhe merrja ndonjë libër për të lexuar. edhe kur nuk kisha nevojë për librin e tyre, prapë shkoja atje. të dielën paradite, ka vite e vite që e kaloj në bibliotekë. më ka pas' trajnuar baba që kur isha shtatë a tetë vjeç.

kur isha fëmijë, jetonim në një lagje të vogël të Shkodrës, me emrin Perash. prej aty deri në Parrucë ku ishte biblioteka e qytetit, mbante diku shtatë-tetë minuta. e mbaj mend si sot ditën e parë kur shkuam me babën në bibliotekë. më zuri për dore dhe hymë në korridorin e gjerë e plot dritë të saj. ishte moderne ajo ndërtesë. kishte ca si kallama kinezë të mbjellë nëpër saksi të mëdha, të cilat ia shtonin akoma më tepër hijeshinë vendit. shkallët që çonin në katin e dytë, ishin të gjera. oh, sa të gjera që ishin! të mbuluara gjithashtu në mes me një rrip qilimi për të amortizuar përplasjen e këpucëve. më dukej si enigmë kati i dytë.

shihja njerëz të rritur që ngjitnin e zbritnin shkallët me libra në dorë. ëndërroja të ngjitesha një ditë atje, por pa shans. nuk na linin. "kati i sipërm është vetëm për të rritur", na thoshin. ne kishim një kat më vete e kjo na bënte të ndiheshim të barabartë me burrat. përballë me hyrjen, në krahun e djathtë, ishte banaku ku shërbenin herë dy e herë tri zonja. shoqe i thërrisnim atëbotë. njërën nga ato e doja shumë. e doja se më donte shumë. më zinte nga faqet e më pyeste se çfarë doja të lexoja e me vrap ma sillte librin, të cilin e shënonte në një kartelë prej kartoni, me datën e orën e tërheqjes. na kërkonin edhe të firmosnim në anë. nga nevoja për të firmosur atë kartelë, u detyrova të harxhoja një ditë të plotë duke praktikuar firmën. në fund, ia arrita të ndërtoja një identitet timin përmes saj. isha krenar me veten, ndonëse nuk e dija pse. ajo shoqja e kishte emrin Lili. edhe emri i saj më pëlqente, sikurse më pëlqente edhe ngjyra e të kuqit të buzëve që përdorte dhe jaka e bardhë me një kordele po të bardhë me rrudha që mbante si kurorë mbi kokë. më dukej sa tërheqëse e aristokratike, aq edhe moderne. ishte diçka e re për mua. rrugëve shihnim vetëm gra me rroba me ngjyra të errëta si burrat. fytyrat e tyre të thara, të verdha, e disi nervoze, bënin që Lili të më dukej si luleborë: e bukur e plot jetë. një ditë, kur më përqafoi në shenjë përgëzimi që e lexova një libër për një paradite, dallova edhe diçka tjetër tek Lili. ajo spërkatej me një parfum me aromë të ëmbël, të butë si mëndafsh. oh, sa aromë e këndshme! si karamel dhe lule zymbyl bashkë. me kalimin e kohës, ajo m'i besonte librat në shtëpi, gjë që ishte në kundërshtim me rregulloren, por shumë shpejt e ndërroi mendjen. nuk e pyeta përse, ndonëse u bëra kurioz. më vonë, pata marrë vesh se baba, i kishte thënë se kishte qëllim të më edukonte me vajtjen në bibliotekë.

ajo kërshëria për katin e dytë, mbeti e gjallë për dy a tre vite. daja më pat' marrë lart për herë të parë, ku lexonte dy libra në javë. ai më pat vënë të lexoja një libër me katërqind e ca faqe kur isha në klasën e katërt të fillores. ishte i "krisur" daja. e çfarë libri! "Napoleoni". ishte jo vetëm vëllimor për mua në atë moshë, por edhe subjekti ishte disi "jashtorbitar" për mendjen time të njomë. Eduard Tarle e ka pasur emrin autori i librit, si sot më kujtohet. i jam pas' qenë rikthyer atij libri disa vite më vonë, për të kuptuar se herën e parë, s'kisha arkivuar asgjë në kujtesë. shyqyr thuaj që ishte verë dhe lexoja për orë të tëra në ditë për ta mbaruar shpejt. nuk mund ta gënjeja dajën. jo, jo. ishte zhivë nga mendja ai! lexuesi më i mirë që kam njohur në jetën time. më vonë, duke u rritur, shkëmbenim mendime për librat që lexonim. takimi me të, më shtynte të lexoja më shumë. po të shiheshim e nuk kisha diçka të re për t'i treguar nga leximi, ndihesha i turpëruar. edhe unë më vonë i pata vënë qëllim vetes si daja; njëqind libra në vit. unë nuk kisha nevojë të lexoja dy në javë, pasi isha lexues shumë i shpejtë. lexoja natën. kur të gjithë venin në shtrat, unë ndizja llambushkën e ia grahja deri në orët e vona pas mesnate.

në qoshen e një rrugice të shkurtër, pashë një dyqan ku shtypnin dhe fotokopjonin. u futa brenda e u thashë se po kërkoja punë. pa ma zgjatur, më pyetën për përvojën që kisha në lidhje me atë punë e unë u përgjigja ndershmërisht se isha i papërvojë, mbasi nuk kisha punuar më parë, por u thashë se e doja shumë shtypin dhe se kisha studiuar gazetari. më trajnuan të fotokopjoja, të faksoja, të radhisja, të plotësoja faturat e klientëve dhe më thanë se do të më njoftonin për pagesën pas një jave punë, kur të më shihnin sa vleja. u tha, u bë! u zhvesha, vura në shpatulla një grykëse pune.

"bismilah!" pështpërita nën zë e njëri nga ata më dëgjoi e më dha selam. ishte nga Tunizia. Ahmed e quanin. pasi mbaruam ditën e punës, më zuri për krahu e drejt e në shtëpinë e tij. aty na priti gjyshja e tij Fatima. më bënte çudi me Fatiman. kishte sy me ngjyrë të gjelbër e dhëmbët si inxhi, të mëdhenj e të bardhë. buzëqeshja e saj ishte magjepsëse. i mendoja tunizianët ndryshe. familja e Ahmedit ngjante më shumë me një familje evropiane, sesa arabe nga dukja. më vonë, u njoha me të gjithë anëtarët e familjes.

*

* *

tek kaloja rrugës për në punë, apo në kthim për në shtëpi, e merrja ngadalë duke e parë me imtësi lagjen. çdo ditë njihesha me gjëra të reja. çfarë nuk kishte! restorante, klube nate, shërbime ligjore e zyra për shitje shtëpish. dyqane nga të gjitha llojet. këpucarë, sahatçinj e të gjitha zejet e tjera. ishte një qoshk me ëmbëlsira. oh! sa i shijoja ato! çoje mendjen tek një ëmbëlsirë, ata e kishin.

vendet ku ndalesha më së shumti, ishin ekspozitat e arteve pamore; kryesisht, piktura e fotografi. nuk jam as piktor e as fotograf, por kam zhvilluar shijet e mia në këtë drejtim e nuk ngopem së shikuari. Violeta, ishte një zonjushë që më prezantonte të rejat e javës. çdo javë merrnin furnizim me vepra të reja arti. në fillim, këtë zonjushën, Violetën, e mora për shqiptare. krejt si shqiptare dukej. mora guximin dhe e pyeta një ditë.

— nga jeni?

më pa, vuri buzën në gaz dhe më pyeti:

— a ju dukem si nga vendi juaj?

— po, — i thashë e vazhdova të ecja përgjatë stendave me pikturat e fotografitë e reja të javës. pasi bëra disa hapa…

— Rumania! jam nga Rumania! — tha. nuk e ktheva kokën e me heshtjen time doja t'i thoja se nuk ishim nga i njëjti vend dhe se nuk kisha ndonjë interes përtej kësaj në lidhje me të.

njëra nga pikturat më mbeti në mendje. më pëlqeu jashtë mase. do ta blija, ose të paktën do të kisha tentuar ta blija nëse çmimi do të kishte qenë i arsyeshëm, por s'doja ta zgjasja me Violetën. u largova duke e përshëndetur me kokë dhe një buzëqeshje të lehtë.

kur po i bija rrugës për nga hoteli, një zë më thirri nga pas. ishte agjentja e shtëpive. dy ditë para kisha qenë në zyrën e saj për të kërkuar një apartament të vogël për vete, ose një studio a garsonierë.

— kam diçka për ju, *sir*! — tha duke ecur drejt meje, — diçka që ia vlen ta shihni.

u ktheva mbrapsht e pasi i shtrënguam dorën njëri-tjetrit, iu drejtuam hyrjes së zyrës së saj. "*Morgan Pryce*" e kishte emrin firma. më tregoi që kishte një apartament me dy dhoma gjumi. unë mora t'i thoja se nuk kisha… por ajo më ndërpreu, duke më thënë se e dinte se nuk më nevojiteshin dy dhoma. aty jetonte edhe një djalë tjetër, i cili po kërkonte një shok me të cilin të ndante qiranë dhe shpenzimet e tjera. nuk e kisha çuar në mendje një skenar të tillë, por i thashë se do ta mendoja dhe dola nga zyra.

ndihesha i lodhur. dy a tri ditë në javë ishte disi më e lehtë, pasi më jepnin dy arka me materiale të përgatitura për klientët e më duhej t'i çoja në adresat e tyre. i vendosja në një motoçikletë elektrike në koshin pas ndenjëses dhe fiuu...

mezi prisja të vinte e premtja. prisja të shihja shoferin e taksisë. se pse më pat' hyrë në zemër?! i kisha thënë *mrs.* Gros t'i thoshte atij të më telefononte kur të vinte tek hoteli. ashtu u bë! të premten, shoferi më thirri në telefon e më tha se kishte një gjysmë ore kohë për t'u çlodhur e për të pirë një kafe me mua. zumë vend tek një kafene greke në *"Greek Street"*. aty bënin ekspres të dorës së parë. ah, sa më shijonte! më të mirë se italianët e bënin. kur ua thoja këtë italianëve, s'u pëlqente. "ne ia kemi vënë emrin *espresso*-s", thoshin, "si do ta bëjë greku më të mirë?!" më pëlqente kur ndizja xhelozinë mes tyre. më dukej sikur i fusja në luftë.

Mërfi, shoferi i taksisë, porositi një kafe të madhe, ashtu siç e pinë amerikanët, në një si kovë prej letre, kurse unë, atë specialen që ma përgatiste Kosta, banakieri. ishte nga Janina. nuk pranonte të ishte arvanitas sikur ta vrisje. por unë përherë e ngacmoja. e thërrisja *"paesano"*. i bëhej qejfi kur i thosha se ishte i gjatë e i pashëm për të qenë grek. "grekët janë të shkurtër e të zeshkët", i thosha, "kurse ti shih, tamam si shqiptar, i gjatë e i bardhë në lëkurë." në të vërtetë edhe ai ishte i zeshkët, por hajt!

shkëmbyem numrat e telefonave me Mërfin dhe më premtoi se do të më nxirrte të shëtisnim të shtunën e ardhshme. e mbajti fjalën. erdhi më mori e i ramë kryq e tërthor "Zonës Një", qendrës së Londrës pra. nganjëherë më këmbë e herë merrnim trenin. *tube*, i thonë anglezët trenave të qytetit. janë të çuditshëm anglezët në emërtimin e gjërave dhe fenomeneve të reja. kam dëgjuar se amerikanët i thonë ndryshe të njëjtës gjë. nejse, më shpuri në *"Trafalgar Square"*, një nga sheshet më të famshme në botë dhe më foli pak për historinë e asaj ane të Londrës. më tregoi edhe për një zjarr të madh që kishte pas' rënë dikur në Londër dhe kishte përpirë tërë qytetin. për këtë më foli kur po kalonim pranë një si tip obelisku, që e quanin *"The Monument"*. "a e shikon këtë? ky, që thua ti, është ndërtuar si pikë vrojtimi nga ku mund të shihet i tërë qyteti e mund të dallohet nga larg po të fillonte zjarr diku, në mënyrë që të mos përsëritet batërdia e parë."

që atë ditë kam rënë në dashuri me Londrën. çfarë nuk ka në Londër! jetës kulturore të saj, nuk i afrohet ajo e asnjë qyteti tjetër. disa thonë se po, por unë këmbëngul se Londra është kryeqendra e botës, aq më pëlqen. klima e lagësht! hah, as që më hyn në sy. më kujton fëmijërinë time në Shkodër. vetëm se në Londër, shtëpitë, sigurisht janë më të mira se në Shkodër dhe ushqimi i përshtatshëm për të rezistuar lagështinë dhe sëmundjet që mund të vijnë prej saj. jo reumatizmën sigurisht; asaj s'ke ç'i bën.

tentova me sinqeritet të paguaja darkën për të dy, por s'më la anglezi. u habita. kisha dëgjuar se në perëndim sekush paguan të vetën, por ai këmbënguli e unë nuk ia prisha, vetëm pasi më premtoi se radhën tjetër do të paguaja unë. dy të mira dhe do të bëheshim rrafsh, por sigurova që të dilnim edhe javën që vinte. kisha një dëshirë të fshehtë për t'u familjarizuar me qytetin në mënyrën e londinezëve e jo timen. ata e ndiejnë se ç'është me vlerë në shtëpinë e tyre.

një ditë, tek po gjezdisnim para *"Buckingham Palace"*, vendosëm të hanim nga karrocat ambulante që ishin gjithandej në atë shesh gjigant. duke porositur, shitësi më njohu nga çehrja që isha shqiptar. jo vetëm bashkëkombas, por ishte nga një katund afër Shkodrës, Bërdica. nuk deshi të merrte para fare (për të më nderuar para mikut tim anglez), por unë këmbëngula të paguaja dhe kështu bëra. atë natë rendëm e rendëm gjithandej, pamë anë mjaft të bukura të qytetit dhe, po të mos ishte që unë nuk konsumoja pije alkoolike, do ta gdhinim. Mërfi nuk pinte gjatë javës mbasi grahte makinën, por të premteve e të shtunave i jepte drejtim, sikurse pothuaj të gjithë anglezët. ata pinë shumë nga gëzimi, por kur janë të hidhëruar, pinë edhe më shumë.

kaluan dy a tri javë e unë punoja me zell e dëshirë, pasi mbas javës së parë, arrita të lidhja një kontratë pune mjaft të mirë. më paguanin tetëdhjetë sterlina në ditë. shpenzimet e mia ishin pothuajse minimale. kështu, pasi mblodha ca para, vendosa t'i bëja një vizitë Violetës, asaj zonjushës rumune te galeria e arteve. po lutesha që ajo piktura që më pat' mbetur në sy atë ditë, të vazhdonte të ishte aty. nuk e di ç'më shtyu ta bëja rrugën me vrap drejt galerisë. isha në qejf e po përjetoja një ndjenjë ngazëllimi. ndonëse nuk i jepja shpjegim, më pëlqente ajo ndjenjë dhe duke vërshëllyer melodinë e një kënge shkodrane, vrapoja ngadalë-ngadalë drejt pikturës. kur hyra brenda, gjeta Violetën të zënë me një çift që, si duket, i kishin dhënë bezdi. e pashë nga mënyra sesi më përshëndeti, duke rrudhur buzët e duke tërhequr vetullat lart në drejtim të çiftit plak.

po shëtisja i qetë përreth galerisë. që nga dita që nuk kisha qenë aty, kishin ardhur edhe ca punime të tjera e disa ishin shitur ose lëvizur nga andej. për fat, piktura që doja unë ishte e varur aty lart në mur, pranë qoshes së brendshme të lokalit. për herë të parë, konstatova se diçka më tërhoqi nga Violeta. mënyra sesi i tundte flokët nga mbrapa... kishte flokë të zinj, të drejtë e shumë të gjatë. nuk desha të bija pre e tundimit për ta vështruar më gjatë, ndaj kështu, i ktheva shpinën duke vështruar kalimtarët përjashta. të gjithë më dukeshin të gëzuar... ndoshta ishte e premtja që i frymëzonte apo ndoshta mosha. të gjithë pothuaj ishin të rinj, me përjashtim të çiftit të moshuar që po shoqëronte Violeta. theksi që i jepnin anglishtes ndërsa komunikonin me Violetën, më bënte të mendoja se ishin francezë. në fund, kuptova se ishin belgë, kur i dhanë asaj adresën e postës së tyre. donin që veprat që blenë, t'ua postonte në Lier. ajo i përcolli klientët deri te dera dhe u kthye nga unë. tek po hidhte hapat e saj të lodhur drejt meje, më la përshtypjen se kishte pasur një ditë të gjatë e të vështirë.

— do ta mbyllësh? — e pyeta, sikur të doja t'i thosha se nuk dëshiroja t'i bëhesha barrë më vete pas frankofonëve.

— jo. shyqyr që erdhe se më kish' mbetur mendja se mos pa dashje të kisha lënduar kur s'u duke më që nga ajo ditë.

buzëqesha duke i shtrënguar lehtë dorën e duke i vënë dorën tjetër në sup.

— kam qenë i zënë... dhe po kurseja para gjithashtu, se më ka mbetur mendja tek një pikturë këtu. — ia tregova, duke e drejtuar gishtin tek piktura në mur, aty tek qoshja. buzëqeshi e më tha se ajo pikturë ishte punim i saj.

— sa kushton? — e pyeta.

mori shkallën, u ngjit lart dhe zbriti pikturën poshtë në tryezë. ndërsa unë e pyeta për të dytën herë për çmimin, ajo nisi ta ambalazhonte. e preka lehtë në shpatull dhe e pashë drejt në sy. ajo s'ma vari shumë, por shpejt e shpejt e mbështolli pikturën me duart e saj të stërvitura.

— çmimin ta tregoj më vonë. tani eja ta mbyllim bashkë dyqanin.

ulëm qepenat, pasi kishim fikur disa nga dritat e brendshme. po e sodisja nga jashtë galerinë e më dha një ndjenjë paqeje në shpirt.

— këtu, ekspozojnë punimet e tyre studentë të shkollave të arteve, — tha ajo teksa po ecnim pa ditur për ku. — disa prej tyre i njoh që në shkollë, — më tha, duke më lënë të kuptoja se kishte studiuar për arte. — ca i kam zënë shokë këtu. asnjë nga ata nuk janë të famshëm, por ndonjëri mund të bëhet më vonë. ku i dihet! nganjëherë fati t'i hap dyert e jetës. më tërhoqi nga dora tek mbërritëm para derës së një kafeneje dhe

Gjergji ishte tjetërsoj. nga ata pak ortodoksë që kishte qyteti ynë; vlleh nga Durrësi ishin me origjinë. Gjergji ishte shoku im më i mirë. e doja si vëlla. edhe ai më donte shumë. të dy ndanim gjithçka me njëri-tjetrin. unë i jepja libra nga raftet e babës e ai ishte lexues i një lloji të veçantë. i përpinte ato e donte që patjetër t'i diskutonim pasditeve vonë kur dilnim për shëtitje. ishte ëndërrimtar dhe romantik. përherë mendoja se Gjergji do të bëhej artist. e shihja si poet a si aktor. nuk e di pse, pasi asnjëherë nuk i kisha parë ndonjë aktrim. as poezi nuk shkruante. vetëm se fliste bukur. kur përshkruante diçka që e mendonte, diçka joreale, qoftë edhe irracionale, ai ndalte hapin, më zinte krahun lehtë nga bërryli e fillonte... sytë i qeshnin e krejt lëkura i ndriste. ishte i zeshkët shumë dhe e ngacmoja. i thosha se kur të iknim jashtë shtetit, do të kishte probleme me vajzat, se ato nuk i duan të zeshkëtit; se mund të mendonin se ishte rom a diçka. "do të mësoj spanjisht kur të ikim", thoshte ai. "do t'u them që jam spanjoll. vajzat mbarojnë për spanjollët, se ata janë të nxehtë e të shpejtë. edhe unë jam i nxehtë e i shpejtë si ata. Rozina përherë më thotë se dukem si spanjoll". e pyeta në i pëlqente Rozina. "ja, e sheh se nuk do të kem probleme jashtë? ja si re brenda sa të fola për Rozinën. ty të pëlqen Rozina?" më pyeti ai pastaj. "jo!" e gënjeva unë.

ajo ishte ëndrra ime. Rozi ishte e hollë nga shtati. flokët i kishte si djalë, por i shkonin me fytyrën e imët e të zeshkët, dhëmbët e bardhë e sytë e zinj të mëdhenj, si kumbulla. shpesh, kaloja pasditeve nga pallati ku banonte Rozi me shpresën se mos e shihja.

kur bisedonim për arratisjen, flisnim si për diçka romantike. jo diçka halli. ai kishte gjetur edhe punë për vete dhe për mua. "si fillim, do të shkojmë në portet e jugut të Francës a në Spanjë. do të punojmë anijeve, që të mos paguajmë qira, as ushqime etj... aty ka edhe gra të vetmuara", thoshte Gjergji. "ndoshta ndonjëra do të na pëlqejë. nuk i dihet, mund të jenë edhe të pasura." "nuk shkoj unë me grua më të madhe se vetja!" thosha unë. pse ta jap veten për para?" "ik o budalla! ku di ti për femrat!" në fakt, as ai nuk dinte shumë, por më shumë se unë po. kishte një të dashur. ajo e thërriste veten Dona. kështu e thërriste edhe Gjergji. kurrë nuk e mësova emrin e plotë të Donës.

*

* *

familja ime u largua nga qyteti. ikëm në Tiranë. Gjergji vazhdonte po aty. një ditë unë mora rrugët e botës. doja ta shihja, ta takoja. e dija që ishte diku në Itali, por hiç më shumë. mua fati më drejtoi në kah tjetër.

kisha vite e vite pa e parë. nganjëherë me kalonte ndër mend dhe mundohesha ta përfytyroja të ndryshuar nga mosha. nuk ia dilja. përherë më dilte parasysh ai djali shtathedhur, hijerëndë e me pamje të lumtur rinore. djali që tregonte histori të paqena. që i tregonte plot dëshirë e më thoshte në fund: "mos më bëj qefin, por i afrohem Xhek Londonit? po Zhyl Vernit? ata i tregojnë më gjatë e më thellë, por unë kam më shumë fantazi se ata. ata kanë shëtitur botën i kanë parë të gjitha dhe e kanë kollaj, e unë as në Tiranë nuk kam qenë. kupton tani ndryshimin mes meje e atyre? hë, hë, se qeshim, budalla. po ti? çfarë do të bëhesh kur të rritesh?" "nuk e di", i thoja. "ndoshta detektiv. a të pëlqejnë librat e Edgar Wallace? 'Katër katrorët', 'Rrethi i kuq'?" "jo nuk më pëlqejnë. as ti nuk më pëlqen të bëhesh detektiv. detektivi është punë spiunësh. ja Shaqiri, e sheh? vetëm, përherë. detektiv është Shaqoja, spiun sigurimi. asnjë shok s'e ka. askush nuk e do. kështu do të bëhesh ti? si Shaqoja?" "ik o budalla!", ia ktheja unë. "po them kur të shkojmë në perëndim. atje nuk duan spiunë si këtu, spiunë si Shaqoja. ndoshta do të bëhem tregtar. gjyshi im ka bërë tregti me Austrinë. binte makina qepëse nga Austria dhe i shiste këtu, por edhe në Bosnjë." "jo, as tregtarin nuk e bën dot ti. tregtari ka shpirt të vogël. ti ke shpirt të madh. bëhu atlet. je i hollë e i shpejtë. vrapo maratonën. po deshe, fillojmë që nesër vrapin nga Shkodra në Bushat e kthim. aq është maratona." "jo jo, nuk më pëlqen të bëhem atlet, as maratonist. do t'gjej diçka."

qeshnim të dy me të madhe, sikur ia kishim hedhur e vetëm na mungonte vendi i punës. "budallenj", thoshim njëzëri e buçisnin të qeshurat. e përcillnim njëri-tjetrin nga dy-tri herë, nga shtëpia e njërit te e tjetrit. nuk banonim larg, jo.

*

* *

— alo. po, unë jam.

— jam Gjergji. dokeri. më kujton?

isha mpirë. nuk mund t'i lëvizja nofullat. isha si në ëndërr.

— dokeri? — fola më në fund. njëzet e ca vite pa u dëgjuar. i njëjti zë.

— po... më ka marrë malli shumë dok'. fluturova kur ta gjeta numrin e telefonit.

për pak çaste u ngrimë. nuk flisnim dot. vetëm përsërisnim fjalën "doker", herë njëri e herë tjetri. doker ishte puna e parë që do të bënim si fillim kur të arratiseshim. kështu e thërrisnim njëri-tjetrin në rini, "doker-doker".

— ...

— ...

— ...

— ...

— gruaja më vdiq... mbeta vetëm me vajzën. Maj' ma quajnë vajzën. ka lindur në muajin maj, prandaj. Maja është e sëmurë. ka lindur me sëmundje mendore. ja doker vëllai, kjo është jeta ime. punoj gjithë ditën në një stacion benzine në një qytezë të vogël pranë Barcelonës dhe, mbas pune, i përkushtohem

Majas. më kanë thënë ta çoj në një qendër rehabilitimi përjetësisht.

zëri iu dobësua, e ndjeva që iu lidh në grykë.

– e çova dy javë. ajo tretej e tretej përditë në atë vend. e mora prapë, – vazhdoi. – po ti? më fol për veten!

– jo, jo, vazhdo! më paska marrë malli për zërin tënd. fol!

– po ja, siç të thashë, punë-shtëpi. kur të plakem kam bërë një plan të thjeshtë për veten e për Majan. do të blejmë një varkë të vogël e do të lundrojmë në oqean... do të marr ditarin tim e të sajin e do të lexojmë në mes të oqeanit. ti përherë më thoshe se do të bëhesha shkrimtar i mirë, se flisja bukur. tash nuk flas më bukur. nuk flas pothuaj fare. por shkruaj bukur. ditarin shkruaj. ditarin tim dhe ditarin e vajzës. një ditë, provova ilaçet e saj doku... m'u errësuan sytë e rashë në një gjendje gjumi të frikshëm. pashë ëndrra të llahtarshme. ëndrra të turpshme. që atë ditë s'fle më shumë se tri a katër orë në natë. kam frikë të fle. nuk dua të vdes në gjumë, nuk dua të vdes para Majas.

– doker, eja këtu! eja këtu te unë... fola me zë të dobët. do të bëjmë diçka.

– jo jo dok, nuk do të lëviz nga këtu. jam mirë.

– por më trembe me atë varkën e vogël o vëlla. mos...

– mos doku mos; mos u tremb! ti nuk e ke frikë vdekjen. të kujtohet kur donim t'i binim liqenit me not? të arratiseshim nga skëterra. sa ishim ahera? pesëmbëdhjetë, jo më shumë. të kujtohet kur të pyeta nëse kishe frikë se mos vdisnim në liqen?

si më the? "do të jetë bukur ashtu", më the. "më pëlqen vdekja
në ujë." ...por mund ta ndryshoj planin me varkën. mund të
pi krejt ilaçet e Majas njëherësh. hë doker, si thua?

...pastaj qeshi lehtë e tha: − mos u shqetëso vëlla! ka kohë për
të vdekur. ka përherë kohë për të vdekur.

− fol doku, fol!

nuk dëgjohej asgjë.

− doku! aty je?

...

zëri i tij erdhi si era e ftohtë në veshin tim.

− po. këtu jam. prit pak! mos ik!

mbas tre a katër minutash, foli përsëri: − doku, kam disa
shkrime. ndoshta nuk vlejnë. ndoshta kam humbur kohën kot
me to. a ndoshta ti ke pasur të drejtë kur thoshe se do të mund
të shkruaja bukur, pasi flisja bukur. të t'i nis dok? shihi, dhe
nëse të pëlqejnë, mbaji. ndryshe hidhi...

...kam frikë..., − filloi të qante. − kam shumë frikë. përnatë
shoh gruan në ëndërr dhe më kërkon ta mbys Majan para se
të vdes vetë. kam frikë vëlla! ti nuk e ke frikë vdekjen; ma thuaj
një vdekje të bukur për mua e Majan, të lutem!

*

*   *

kalova natën më të vështirë prej shumë kohë. përjetova gjendje të ndryshme emocionesh. qava, u frikësova, qesha, po, qesha duke kujtuar rininë e hershme me Gjergjin. u ngrita nga shtrati dhe mora një shishe Vodka e ca lajthi. ndeza dritën mbi komodinë dhe hapa laptopin. hyra në profilin e Gjergjit me mendimin dhe frikën për të parë Majan. mbasi lundrova nëpër postimet e tij për pak kohë, hasa në Majan. ishte një fotografi në park, ajo mbi një rrëshqitëse dukej e lumtur dhe e qeshur. krahët e hapur dhe thembrat e ngritura pak nga metali i rrëshqitëses, bënin të dukej sikur ishte duke fluturuar në shpinë. "nuk duket dhe aq keq sa ç'tha doku", mendova dhe vendosa ta mbyllja me aq. radioja vazhdonte të luante muzikën *jazz* në stacionin tim të preferuar 87.5 FM. se ç'më ngacmoi dhe vendosa t'i kthehesha prapë rrjetit social. "Maja duket shumë e vogël aty në fotografi", mendova. "të shoh për diçka më të vonë." dhe kisha të drejtë. fotografia ishte e vjetër, e gjashtë viteve më herët. zura ku e lashë dhe gjeta mjaft të tjera, si dhe një video të Majas. nuk mbaj mend të kem qarë ndonjëherë më shumë në jetën time si i rritur sesa qava atë natë. vetëm shihja videon, e ndaloja, ngrija shishen me Vodka dhe qaja; e riktheja dhe e rishihja e prapë vaj. oh, sa bukuri i kishte dhënë Zoti asaj vajze! sytë e mëdhenj të zinj dhe vetullat e trasha me hark si të të atit. edhe dhëmbët e bardhë e të mëdhenj po ashtu, formën e fytyrës, të qeshurën dhe flokët e dendur e kaçurrela si të ëmës. e nxora videon në një USB dhe me të vendosa të shkoja te doktor Rabkini e t'ia kallëzoja.

dr. Rabkin ishte i vetmi që njihja që mund ta quaja edhe mik. ai nuk ishte as psikiatër as neurolog a diçka tjetër në lidhje me sëmundjen e Majas, por ishte i vetmi me të cilin mund të bëja një bisedë miqësore si fillim. "doktor është", mendova, "një ide do të ma japë." Rabkini ishte rus. rus i bardhë nga familja. ikur që me revolucionin komunist të tetorit nga Rusia, familja e tij ishte vendosur si fillim në Zyrih e pastaj në Nju Jork. kur kisha pasur probleme me alergjinë e pata njohur dhe që atëbotë, ishim miq.

– do ta shoh në shtëpi, – më tha Rabkini kur i fola në telefon, – sillma dhe lëre te klinika sot gjatë ditës.

derisa të bëhesha mbarë të çoja USB-në te klinika, me siguri do të më kishte dalë pija. pra, isha i dehur paq.

*

*   *

me dokun fola disa herë të tjera javëve e muajve në vijim. përherë i jepja kurajë dhe mundohesha t'i sillja shembuj pozitivë që, njerëzit ngjashëm me Majan, janë bërë mirë. asnjëherë nuk i fola për çfarë më tha doktor Rabkini mbasi kishte parë videon dhe ishte konsultuar me një tjetër të atij specialiteti, të sëmundjeve mendore pra.

prita e prita se mos doku do të më sillte shkrimin e tij për jetën e Majas...

*

* *

kanë kaluar njëmbëdhjetë vite që nga biseda e fundit me Gjergjin. kam shkuar në Spanjë për pushime, por edhe që të mund të gjeja dokun. asnjë shenjë. kam futur në rreth të gjitha qytezat kufitare me Barcelonën dhe kam pyetur në çdo zyrë bashkie e komune. kam kontaktuar çdo stacion benzine ku ai thoshte se punonte, por më kot. as spitalet apo klinikat nuk kishin në regjistrat e tyre ndonjë me emrin Maja.

për ca kohë, e pata mbajtur fotografinë e Majas në mur në studion time. "mbesa ime", u thoja kureshtarëve kur më pyesnin.

shi në Londër

shi… kishte tri ditë që binte shi. pa pushim. kisha një plan, por shiu ma rrënoi, ma shembi. do të thoja se e urrej shiun, por jo. në të vërtetë e dua. e dua edhe vranësirën. më shkojnë për shtat, s'e di pse. nëna më thoshte përherë se, kur isha i vogël, përditë shkoja në dritare sa ngrihesha nga gjumi dhe kur shihja vranët a shi, kërceja përpjetë. kur u rrita e m'u dha mundësia, vizitova një doktor. më tha se kjo, më së shumti kishte të bënte me mjekun e nervave. më vonë takova doktorin e nervave. ai ishte i klasit të parë si doktor. ma rekomandoi Meri, një mike e imja, shoqe shkolle. Meri ishte skizofrenike dhe shihej çdo dy-tre muaj me doktorin. vizita me të zgjati nja dyzet-dyzet e pesë minuta. do ta tregoj një herë tjetër se ç'më tha, por atë ditë, dola herët nga shtëpia me një çadër të vogël në dorë. fillova të ecja pa drejtim të caktuar e pa qëllim më vete. mendjen e kisha si të mpirë. nuk fantazoja fare. zakonisht fantazoj… atë ditë jo. mora një gazetë te dyqani i parë që ndesha. nuk kisha ndër mend ta lexoja, jo...

nuk di pse e bleva. nuk mendova fare, por veç eca e eca pa u ndalur për nja dy orë. ndjeva lodhje. këmbët më ishin bërë dru. nuk ec gjatë zakonisht. isha në një rrugë të Milluollit, "*Vanderhempf Street*". rruga ishte e shtruar me kalldrëm. tektuk zbuloheshin shinat e mbuluara me gurë. shinat e vjetra të *trolleybus*-it elektrik. një magazinë e vjetër dhe e braktisur, ishte e mbuluar me llamarina. teneqet e vjetra e të ndryshkura, bënin një zhurmë monotone, pak nga era e pak nga shiu që binte litarë-litarë. një burrë pak i moshuar me mjekër të gjatë e të thinjur, po shurronte në trotuar. ishte i mbajtur me njërën dorë në shtyllën e elektrikut e me tjetrën mbante hallatin. e kishte nxjerrë krejt jashtë dhe ashtu të varur, e shkundte pa ndalur, duke shpërndarë sa andej-këndej pikat e shurrës. më hodhi një vështrim të papërcaktuar dhe filloi të qeshte. një herë desh e shava dhe mora mënjanim nga trotuari për nga rruga. mandej, ndërrova mendje. ndjeva si dhembshuri. disi u trimërova dhe u drejtova nga ai:

— hej! ç'bën?

— ja, po shurroj, ha ha.

jargë i rridhnin nga buza e poshtme. vetullat e trasha e të pandrequra kushedi qyshkur, i binin mbi sy. flokët, ndonëse të thinjur e të shkujdesur prej kohësh, dukeshin të dendur e me pak përdredhim. i kishte të gjatë, deri poshtë shpatullave. i kishte mbledhur në fund dhe i kishte lidhur me një llastik, nga ata me të cilët të mbështjellin shitësit letrën me ushqime, atje nga qendra e Londrës. pantallonat i kishte të kadifenjta, me ngjyrë jeshile të errët, pak të zhulta e të zhgërryera përdhe.

nuk e mbylli qemerin e pantallonave dhe mund t'ia shihje kollaj ç'kishte brenda. i thashë:

— mbylle! të shihet krejt.

ai qeshi e me pa në sy duke u kollitur.

— ke duhan?

— po, — i thashë dhe i zgjata dy-tri cigare nga paketa *Chesterfield* që kisha në xhep, aq sa më zunë gishtat.

— po shkrepëse, ke?

— po. ja! — i zgjata çakmakun.

— m'i jep pesë sterlina?!

— jo. do t'i shpenzosh për alkool, — i thashë. ai heshti dhe uli kokën poshtë, duke u munduar më kot të mbërthente zinxhirin e pantallonave. shiu vazhdonte të binte me rrëke... fillova të ecja ngadalë e ai m'u vu pas.

— avash, avash! ku shkon? mos ec shpejt! prit të shkojmë bashkë deri tek dyqani i Foksit. e njeh Foksin ti?

— jo.

— oh, është burrë i mirë. më merr përherë pesë sterlina për një arkë me katër birra. ajo kushton gjashtë sterlina. unë i mbaj mend dhe, një ditë, do t'i mbledh e do t'ia kthej të gjitha.

— a do të m'i japësh pesë sterlina?

— jo... të thashë një herë. nuk t'i jap, se do t'i blesh birra...

heshtje. as fliste, as shpejtonte, por me ritmin e tij të ngadaltë, rropatej të mbërthente pantallonat e të më ndiqte pas. ecëm nja dy-tre minuta pa folur. u ndal, nxori hallatin prapë, dhe filloi të shurronte mu në mes të rrugës. unë desha të vazhdoja ecjen, por ndala. m'u duk sikur po e braktisja nëse do të ecja. më shihte drejt në sy e vazhdonte të derdhte urinën në mes të rrugës.

— si e ke emrin? — më pyeti. nuk desha të flisja ndërkohë që ai shurronte, por nuk ia ndava sytë. ai fliste e fliste ngadalë. mandej ia ktheu me këngë. këndonte përçart, një këngë që nuk e kisha dëgjuar kurrë. të shumtat e fjalëve nuk i kuptoja. mbasi mbaroi, e shkundi ashtu faqe meje, pa iu dridhur syri e pa u turpëruar fare. buzëqesha dhe eca ngadalë përkrah tij. më tha se e quanin Nik. kishte qenë veteriner, por nuk punonte më. tha po ashtu se lexonte shumë. nuk e besova. ai e dalloi e filloi të më fliste për Espinozën, Marksin e Frojdin. nuk u çudita shumë. në Londër, shpesh, ndesh në njerëz të tillë. shurrojnë në stacion të trenit, të lypin një qindarkë e mandej të recitojnë Majakovskin. Niku mund të ishte nja gjashtëdhjetë vjeç me mendjen time. nuk ecte shpejt, por dihaste kur frymonte.

— pi duhan shumë Nik?

— po, — tha dhe nxori një dhe e ndezi.

— kam pirë duhan që fëmijë. nëna pinte shumë. unë i vidhja nga një dhe e ndizja fshehurazi... ja, ky është dyqani i Foksit. këtu blej birrat përditë. ha ha ha! — qeshi dhe më shihte në sy.

sytë i kishte të mëdhenj e të lëngët. blu. nga ajo bluja e qiellit mesdhetar. mollëzat e faqeve të kuqe e dy a tre dhëmbë mangët. kishte një pallto gri të errët dhe një shall jeshil leshi i sillej qafës përreth. një triko, po jeshile, i shihej nën pallto. këpucët e lagura dhe të pista, dukeshin të paraluftës së dytë.

– mirupafshim zotni! – më tha dhe më zgjati dorën.

– je i uritur? – e pyeta.

– po.

– do të hash gjë?

– jo. nuk dua.

– po deshe, t'i jap pesë sterlina e ha diçka.

– jo, jo. – tha, e më ktheu shpatullat.

– t'i jap e bliji ushqim më vonë?

– jo djalë, jo! nuk i dua. po m'i dhe, do të blej katër birra tani.

– oh! mirë. – iu afrova dhe i dhashë dhjetë sterlina.

– pesë për birrat e pesë për ushqim më vonë, Nik. – e përqafova dhe i shtrëngova dorën. – kënaqësi që të takova, Nik! kisha tri ditë pa folur me njeri. jam i huaj këtu. jam student e i vetmuar. a të të përqafoj edhe një herë?

pa pritur përgjigje, më hodhi dy duart në qafë. shtrënguam duart edhe një herë e u ndamë. isha vetëm një metër pa shkuar te kthesa, kur më thirri: – zotni! zotni, të gjitha paratë që më dhe do t'i blej birra! hahahahahah! – vazhdoi me zë të çjerrë. – faleminderit, mik! – foli duke u kollitur e duke marrë për nga dyqani i birrave.

Nadia

pothuajse po agonte. ajo u ngrit nga tryeza e punës, hapi raftin e pijeve dhe mori një shishe verë. mbushi gati gjysmë gote dhe piu një gllënjkë, një tjetër e një tjetër dhe e derdhi krejt në gurmaz. ishte tharë pa futur lëng në gojë tërë natën. zakonisht mbante një shishe *grappa* dhe një shishe ujë dhe akull pranë kur punonte, por atë natë, të shkruarit e kishte përpirë dhe ishte harruar fare.

tani ashtu e lodhur siç ishte, nuk i besohej se mund ta lexonte qetësisht tregimin. i kishte marrë disa orë për ta mbyllur. frika se mos nuk e pëlqente, ndoshta i jepte kurajë mendimit se ishte shumë e lodhur dhe e etur për ujë për t'u përqendruar mbi të. mori shishen me njërën dorë e gotën me tjetrën dhe i vendosi mbi tavolinën e vogël në ballkon. u ul mbi një stol të vjetër druri (dhuratë e Nikos, një miku të vjetër) dhe ndezi cigaren. për rreth tridhjetë a dyzet minuta, vetëm nginte verë e thithte cigare pa ndalur. ndërkohë, mendimi për të lexuar çfarë kishte shkruar tërë natës, e mundonte. e mundonte edhe frika se nuk do t'i pëlqente asaj vetë, por këtë mund ta mposhtte. më së tepërmi, ia merrte frymën ankthi që, nëse nuk do t'i pëlqente asaj vetë, si mund t'i pëlqente botuesit të revistës?!

"do t'ia hedh një sy", foli me vete dhe brofi më këmbë.

Nadia

Nadia ishte vetëm shtatëmbëdhjetë vjeçe kur e la shtëpinë dhe u largua me të fejuarin. para se të fejohej, kishte pasur një të dashur. ai iku më herët e i premtoi se do të kthehej ta merrte sapo të mblidhte aq të holla sa për të filluar jetën atje në vend të huaj...

"ah! nuk më pëlqen", mendoi dhe u shkoi rreshtave të parë të tregimit me laps përsipër. nuk fillojnë kështu tregimet moderne. kështu fillonin tregimet e dikurshme, ata me heroin pozitiv, atë negativ, ngritjen e një konflikti, zhvillimin e tij dhe zgjidhjen (ku përherë do të ishte optimiste e tërr, tërr, tërr...).

djersë të ftohta i mbuluan shtatin e i kaluan mornica. i plasi letrat mbi tavolinë dhe ngriti këmbët mbi parmakët e hekurt të ballkonit duke u shtrirë përgjysmë mbi atë stol të pamjaftueshëm për gjatësinë e saj. "jepi, vazhdo!", i tha vetes dhe filloi të lexonte rishtas.

ditët e para në Greqi, ishin sfilitëse. ai nuk kishte as punë, as strehë të sigurt, sikur të mos llogariste që e motra me të shoqin, nuk do t'i thoshin kurrsesi "jo" po t'u kërkonte ndihmë.

thartoi pak fytyrën e vazhdoi t'i shkonte tregimit përsipër duke murmuritur, sikur po lexonte matematikë a ndonjë libër tjetër pa interes. nganjëherë humbte fillin dhe i kthehej leximit sërish nga kreu. herë-herë i pëlqente, por kur nuk i hynte në sy, i krijonte gjendje të vjellëti. djersa e ftohtë ia kishte depërtuar lëkurën tashmë. dridhej si thupër shelgu në erë. i uli prapë letrat mbi tavolinë dhe filloi të kalonte nëpër mend edhe një herë çfarë kishte shkruar. nuk donte kurrsesi ta vazhdonte leximin ashtu e papërqendruar siç ishte.

"ndoshta jam e tejlodhur. ndoshta nuk është aq dobët sa duket. ndoshta..."

*

* *

Nadia i sillej para sysh ashtu e brishtë siç ishte dhe herë i buzëqeshte e herë e shihte vëngër. kështu kaloi gati një orë. ndërkohë e kishte mbaruar shishen e parë të verës.

makinat e para që kaluan para pallatit, ia nxorën gjumin. ishin kamionçinat e ngarkuara me fruta e zarzavate që shpërndanin mallin ndër krejt dyqanet e qytezës. njëfarë kënaqësie e pakuptueshme ia përshkoi trurin, ndaj buzëqeshi me zor duke lëvizur trupin pothuaj të ngrirë nga të ftohtët dhe shtrirja përgjysmë mbi stolin e drunjtë, e këmbët mbi parmakë.

"tani po", foli ajo me zë të ulët. "fillo nga e para!", dhe mori letrat në dorë e zuri t'i lexonte me zë të ngjirur. bëmat e Nadias tash, nuk e bindnin që ishin me vlerë për lexuesin; lëre pastaj reagimin e botuesit. lexoi e lexoi disa herë, derisa vendosi t'i hidhte letrat me gjithë shkrimin në rrugë nga ballkoni. bërtiti fort.

kishte ende edhe shtatë orë në dorë për të bërë diçka si duhej. fundja, nuk do të përmbysej bota nëse nuk do t'ia dilte. përherë, kur kishte ngërç në të shkruar, lexonte diçka nga Çehovi a Mopasani. hidhte, (siç thoshte ajo vetë) disa tregime të shkurtra të tyre pas shpine dhe disi gjente energjitë e munguara e besimin se edhe ajo, mund të shkruante po aq bukur.

mbas dy orësh lexim, u ngrit dhe hipi në biçikletën që e kishte vënë në qoshen e dhomës. grahi në të me sa fuqi kishte për njëzet a tridhjetë minuta dhe ia mori këngës duke nxjerrë ndërresat nga sirtari i komosë. dushi zgjaste përherë sa katër këngë. kurrë më pak e kurrë më shumë. atë ditë vetëm një këngë dhe nxitoi të fshihej me peshqirin e vjetër që kishte marrë nga hoteli ku kishte fjetur në Kent para disa vitesh.

*

*　*

— alo! jam Linda. më jep pak zyrën e botuesit Z., të lutem!

— po, e kam mbaruar tregimin zoti Z. besoj se do ta pëlqeni... jo, jo. nuk mund ta nis me faks, do të vij vetë aty... por jo jo, zoti Z., e kam të pamundur... do të bindeni vetë kur ta dëgjoni. më duhet ta mbyll bisedën tani. jam tepër e zënë. mirupafshim në orën 2:00 pasdite!

"do të shkruaj në vetën e parë", mendoi dhe mori frymë thellë e kënaqur, sikur të kishte zbuluar vetë misterin e jetës. "do të flas më mirë." mori dy kaseta magnetofoni me vete dhe doli nga shtëpia. ndaloi për pak minuta në një dyqan dhe bleu kafenë e mëngjesit, një paketë me cigare dhe dy shishe me ujë.

*

* *

"mbrëmë kalova tërë natën duke shkruar një tregim rreth jetës së një vajze shqiptare në mërgim, Nadias. historia e saj është mjaft interesante. pati edhe burrë edhe dashnor në harkun e dy viteve. nga gjashtëmbëdhjetë deri shtatëmbëdhjetë vjeçe. a nuk flet kjo bukur mirë për një shpirt ambicioz e rebel?! me mbërritjen e saj në Greqi, filloi kalvari i vuajtjeve.

në mëngjes e lexova dhe e rilexova disa herë shkrimin tim, por nuk më pëlqeu. tregimi që do të dëgjoni të incizuar këtu, nuk ka të bëjë më me Nadian. Nadia, në njëfarë mënyre, është reale. ajo nuk më ngjall më kërshëri as mua që do t'ia shkruaja jetën, lëre pastaj lexuesit, (sidomos atij të revistës *The Kitchen Sink*). diçka më interesante lypet për këtë kategori lexuesish jokonvencionalë, kokëfortë... ata do të më refuzojnë që me shkrimin tim të parë. nuk dua ta pranoj refuzimin! pra, të jemi të qartë se këtu, nuk flitet më për Nadian. lëreni Nadian mënjanë! edhe dashnorin e saj impotent, edhe burrin e pakripë. e vetmja gjë që më mungon nga Nadia tash që vendosa ta braktis, është dëshira e saj për dashuri. Nadia nuk është dashuruar kurrë. ndoshta vetëm një herë; por shkurt. nuk e di as ajo vetë. herë e përshkruan si dashuri atë aventurën e saj të parë mbas martese, herë si flakë squfuri. ajo vetë pat' folur për flakën e squfurit një ditë kur më rrëfente atë pjesë nga jeta e saj. i pata thënë se squfuri kur digjet, lëshon erë qelbësire. "s'ka gjë", pat' thënë ajo me ngut. ishte vërtetë si flakë squfuri. u ndez fap-fap e ashtu mbaroi. ato dy a tri herë që e kishte ndezur squfurin me atë sportistin, i kujtonte me mall. dikush tjetër u kish' hyrë ndërmjet dhe ishte ngatërruar lëmshi. vetë Nadia kishte qenë ajo që ishte larguar nga skena me squfur. "e doja flakë tërë kohës", fliste ajo me sytë plot shkëlqim. "do ta kaloja me kënaqësi jetën e ngujuar me atë burrë, do ta doja plot dëshirë; a kupton? edhe zhurma e motorit të tij më ngacmonte. ngiste *Moto Guzzi*... lulet. lulet ishin çelësi i tij i dashurisë. më blinte nga lulet më të shtrenjta në qytezë dhe m'i sillte me një shportë përzier me çokollata. ai dallohej në mes të një mijë burrave të tjerë. binte në sy. eh!", ofshante ajo tek fliste. "e kush nuk do ta donte ta kishte për vete atë burrë! edhe Anastasia, mësuesja e muzikës nga Korça iu vardis. ajo ishte perri e bukur dhe e desh me ngulm. ai aq sa ishte i fortë në trup, ishte i dobët në karakter. u jepej grave ashtu, një, dy, tre. kam pasur shumë përplasje me ato gra. edhe gruaja e tij u përfshi dy a tri herë në aferat e të shoqit. ka qenë si film ajo kohë; më beso!"

...

pra, nga ky çast, ky tregim nuk ka të bëjë më me Nadian. Nadia është tërheqëse, nuk e mohoj. një herë, tek e shihja me kërshëri tek fliste për vuajtjet e saj të shkaktuara nga burri, ajo ndaloi dhe mori frymë thellë.

"pse më vështron ashtu? se ç'ke marrë atë pamjen në fytyrë."

ndjeva që u skuqa. edhe ajo u skuq. mbas një a dy sekondash ajo e tejkaloi atë gjendjen që u krijua mes nesh. "eja, eja të të përqafoj!" foli ajo, duke më parë me mëshirë. "jo", refuzova unë. "nuk përqafoj gra. nuk më pëlqen grua me grua", i thashë (tashmë e tejkaluar nga ajo ndjenja që përjetova pak më parë). Nadia qeshi e foli krejt shpenguar: "e di, e di. desha të të ngacmoja."

po të vazhdoj të flas për Nadian, nuk do të ketë kuptim, apo jo! unë vetë thashë që në fillim se kalova një natë me të (me Nadian pra) dhe nuk ia dola. për mbrëmë e kam fjalën, se mos keqkuptohemi… jeta e saj, patjetër është e koklavitur dhe ndoshta po të përqendrohem pak më mirë, mund të shkruaj një tregim a novelë për të qenë, por tash, hoqa dorë. kam mjaft material për të shkruar një mijë tregime, ndaj larg Nadias. nuk më eci me të dhe pikë!

tek po flas, mendja më shkon te vitet e mia të para jashtë vendit. nuk kanë qenë shumë interesante apo plot intriga e vuajtje si të Nadias, por ishin të qeta dhe të paqta. aq doja unë atëbotë. kisha dhomën time, banjën time (gjithmonë kam ëndërruar të kem një banjë vetëm për vete).

kur shihesha me Nadian, flisnim rreth çdo gjëje. Nadia punonte dhe shkonte në shkollë. mësonte për drejtësi. lexonte shumë libra dhe fliste bukur. një herë më foli për një mendim të sajin për të shkruar një libër. "nuk e di", tha ajo kur e pyeta rreth subjektit që kishte në mend. "nuk kam provuar të shkruaj gjatë asnjëherë." m'u krijua përshtypja që Nadia donte të punonim të dyja bashkë. unë i druhesha atij projekti. edhe unë si ajo, nuk kisha përvojë me shkrime të gjata. "pastaj, ne kemi mendime e shije të përafërta Nadia", i thashë. ajo, përherë kur flisnim, e sillte bisedën po aty, dhe po vetë e devijonte. e kishte përkryer strategjinë për ta devijuar bisedën nga diçka reale, në diçka joreale apo fiktive. aq shpesh e bënte këtë, sa më bëhej t'ia mbyllja telefonin; por kurrë nuk e bëra. biseda me të, më zbaviste."

*

* *

treni nga Selaniku, donte edhe një orë tjetër të mbërrinte në Sofia. mendova ta dëgjoja edhe një herë. në fund, cilësia e incizimit binte. zëri i shkrimtares çirrej e zbehej nga zhurmat e makinave. kuptohej që ajo e kishte incizuar tregimin në trafik, ndërkohë që grahte veturën…

biri i Agnetës

Jozefi ishte një djalë jetim nga Canterbury, por që jetonte në Londër. ishte rreth të njëzetave. punonte në një shtypshkronjë të vogël, dhe banonte jo shumë larg saj. rrugën për në punë e mbrapsht, e bënte herë më këmbë e herë me biçikletë. kur binte shumë shi, merrte autobusin. zgjohej herët. shumë herët. vishej vrik, e dilte jashtë apartamentit të tij të vogël në një nga rrugëzat e vdekura të Milluollit diku bri uji. ani se ndonjëherë ishte dy a tri orë herët për në punë, dilte nga shtëpia dhe merrte rrugën për nga shtypshkronja. herë-herë ndalonte rrugës për kafe. aty lexonte ndonjë shkrim interesant në ndonjërën nga gazetat falas që viheshin ndër kuti plastike bri kafeneve gati-gati gjithkund nëpër qytet. kudo që ndalonte herën e parë, futej në banjë dhe lante dhëmbët me furçën që bartte me vete përherë, bashkë me pastën e perin për pastrim dhëmbësh. në çantën e shpinës, përveç këtyre, kishte gjithmonë një shishe termus me ujë të ftohtë e akull, një libër a ndonjë revistë, apo një kuti me arra e bajame, që kur doktori i kishte thënë se kishte nevojë për ushqime të tilla. kur kalonte pranë dyqanit të arteve (jo fort larg punës), futej përherë brenda, derisa iu kthye në njëfarë rutine ditore. të hënave, kur galeria ishte e mbyllur, shkonte e ndalej përballë xhamave të mëdhenj. Linda; kështu e quajti vajzën në një nga pikturat në galerinë *"Prussia Arts"*, themeluar nga një artist gjerman që para më shumë se një shekulli. portreti i vetë gjermanit, e dominonte sallën e hyrjes varur nga tavani deri poshtë, ndriçuar nga llamba të vendosura në tavan dhe dyshemenë prej dërrasash të gjera druri mogani të vjetër, por të mirëmbajtur.

*

* *

shiu i natës e kishte mbajtur zgjuar tërë kohës. u ngrit nga shtrati aty nga ora dy mbas mesnate, shpëlau gojën me lëng boronice dhe iku si ta ndiqte kush nga pas. kur doli në rrugë, eci me hapa ritmikë deri te galeria e arteve. u ul përballë xhamave të pastër dhe sodiste Lindën. "Linda ime", e thërriste në mendjen e vet. kohëve të fundit, Linda ishte bërë përditë e përtej qendra e mendimeve të tij. kur e kishte pyetur dr. Jolti nëse kishte zhvillime të reja, ai kishte ngurruar fillimisht, por ishte hapur më pas. i kishte thënë se kishte një të dashur dhe se ajo ishte flokëverdhë; femra më e bukur në botë. i kishte thënë po ashtu që Linda, e dashuronte si e marrë, por ishte e turpshme dhe nuk jepej lehtë në publik.

"po në shtëpi kur jeni vetëm?" e kishte pyetur doktori. nuk i kishte kthyer përgjigje. thjesht kishte bërë një lëvizje të lehtë të muskujve të faqes së majtë dhe kishte përplasur me shpejtësinë e sqepit të qukapikut qepallat e syve për gati tridhjetë sekonda. qe ngritur për t'u larguar nga zyra e dr. Joltit pa e përshëndetur.

*

* *

Linda ishte një pikturë e vjetër. ajo kishte qëndruar në galeri për dekada dhe ishte e mbërthyer mirë me gozhdë të ndryshkura e litarë të vjetër liri mbi një kavaletë druri panje të vjetër, të ngjyrosur me brunino. plasat e kavaletës dhe ato të bojërave të vajit mbi telajo, flisnin për diçka historike, diçka që mbante aromën e Prusisë, të kështjellave mesjetare të atyre anëve të Gjermanisë së sotme. kjo e bënte akoma më tërheqëse Lindën. ajo, në mendjen e Jozefit, ishte e veçanta; vajza që nuk mund ta donte asnjë tjetër si ai. natyrisht, edhe ajo nuk mund të donte djalë tjetër. "unë jam dashnori natyral i saj", fliste me vete Jozefi.

që kur kishte rënë në dashuri me Lindën, atë e miklonte mendimin se qe gjerman në origjinën e largët, ndonëse nuk kishte asnjë të dhënë për ta mbështetur këtë mendim. ai ishte fëmijë jashtë martese i një gruaje daneze dhe i një burri azer. emrin e lindjes e kishte pasur Javer, por kur kishte mbushur moshën tetëmbëdhjetëvjeçare, e kishte ndërruar në Jozef, për shkakun e thjeshtë që të tjerët e shqiptonin emrin e tij gabim, por edhe sepse ishte i ngjashëm me emrin e të atit në certifikatën e lindjes. Jozef ishte emër i përhapur dhe kushdo e thoshte me lehtësi. Javer, jo.

një ditë, pat' qëndruar me sytë e ngrirë mbi Lindën për plot katër orë. një burrë i moshuar me flokë dhe mjekër të bardhë e syze me skelet të trashë të tejdukshëm, i kishte folur butë-butë atij, por pa efekt. Jozefi kishte shumë për t'i thënë Lindës; katër orë ishin asgjë.

*

* *

ishte natë Pashke. binte një shi i imët shtruar. Jozefi e kishte ditë pushimi. atë natë nuk fjeti aspak. kishte marrë një kuti me dymbëdhjetë birra *"Thomas Hardy's Ale"*, i kishte vënë në ftohje dhe i pinte një nga një, ndërkohë që orët e natës pa gjumë shkonin ngadalë. bëri dush të ftohtë, u parfumua e u vesh shik. pasqyra e madhe e stilit viktorian, ia kënaqte syrin me paraqitjen e duhur të një bandilli të pashëm dhe elegant në fillim të të njëzetave, i gatshëm t'i shprehte dashurinë gruas më të bukur që kishte parë njerëzimi deri atëherë: Lindës. hodhi pak kolonjë në anën e brendshme të xhaketës prej stofi të shtrenjtë dhe mbathi këpucët spic prej lëkure kanguri e shollë kali. jaka e gjatë e këmishës dhe kravata e hollë blu e errët prej kadifeje, ia shtonin hijeshinë. përkëdheli lehtë mjekrën e shkurtër dhe, i kënaqur me ndjesinë e tij, i shkeli syrin vetes në pasqyrë e u nis. në dorë mbante një çantë prej letre të cilësisë së lartë. brenda saj, në një kuti mbështjellë me fjongo ngjyrë vjollcë, ishte dhurata surprizë për Lindën.

tek ecte rrugëve me kalldrëm të Londrës, se si i shkoi mendja
te nëna e tij. nuk e kishte njohur kurrë. ajo veç i kishte lënë
një fotografi të saj jetimores e ata e kishin ruajtur për djalin
derisa qe rritur. kaq kishte trashëguar Jozefi. filloi të fliste me
të. i foli për vështirësitë që kishte pasur gjatë jetës, për sukseset
e dështimet; se si shokët e kishin keqtrajtuar, e se si shoqe nuk
kishte pasur kurrë ndonjëherë. "ndaj po të flas ty sot për të
gjitha. sot do të shkoj tek e dashura ime, dhe dua që ti, njeriu
im më i afërm e i vetëm, ta dish. ti ndoshta ke vdekur e më
sheh prej atje lart, nga bota e të vdekurve, a ndoshta je akoma
gjallë, e mund ta ndiesh se djali yt sot burrërohet. e dashura
ime është gjermane, sikurse besoj se jemi edhe ne të dy mamë.
ka shikim të thellë, sy gri dhe qerpikë të zinj, të gjatë, të kthyer.
buzët e mprehta, lënë jashtë dhëmbët e mëdhenj si inxhi e një
buzëqeshje plot jetë. ka një këmishë najloni gati-gati të
tejdukshme. mund t'ia shoh gjoksin po të përqendrohem fort.
i kam blerë një dhuratë. nuk do të ta tregoj ty; dua që Linda të
jetë e para që do ta shohë!"

*

* *

mbas shtatë orësh a më tepër, Jozefi filloi ta humbte durimin.
i fliste Lindës pa pushim, por ajo nuk reagonte. askush nuk
ishte në galeri. pak njerëz lëviznin rrugëve të kalldrëmta nën
shiun e asaj dite bojëhiri Pashke.

filloi t'i fliste me zë të lartë. zuri ta shante pasi i kishte drejtuar mijëra lëvdata për orë të tëra. u ul në anën e trotuarit e filloi të qante. herë ndihej fatkeq e herë padrejtësisht i mënjanuar. e zuri frika. kishte frikë nga gjithçka. i shkoi mendja te babai. filloi të fliste me të. ati i tij quhej Jusif.

"fol Jusif!" murmuriti Jozefi. fliste e qante njëherësh. "baba, ku je? sot duhet të më gjendesh pranë. jam në ditë të vështirë. Jolti më thotë të mos frikohem, pasi zërat që dëgjoj, nuk janë në të vërtetë zëra. nuk janë të vërteta as fjalët që më kalojnë në mendje pandalshëm. krijohet në trurin tim babë, një lëmsh njerëzor i paparë. miliona fytyra gjithfarësh më shkojnë para sysh. ca më fyejnë, ca më shtyjnë e më pështyjnë, ca të tjerë më qeshin, jam vetëm krejt. që ditën që ti e mama më kthyet shpinën në jetimore, kam qenë vetëm. zonja Tinkëll më rraste shputa turinjve sa herë, e zoti Piters më prekte vendeve të liga. asnjëherë nuk më ishe pranë baba, asnjëherë... pse? as mama... por ajo më la fotografinë e saj. ti asgjë. pse fshihesh baba? pse nuk je baba si gjithë të tjerët? ke frikë? unë po! unë jam frikacak i madh. më merret fryma kur më zë frika. më mbulojnë djersë të ftohta e më dridhen këmbët. më flasin një mijë e ca njerëz njëherësh e nuk di si të mendoj, pasi mendimet më ngatërrohen e m'i mbulon terri sytë derisa rrëzohem përdhe e nuk di më. po ti baba? mama duket grua e qetë në fotografi. ti si je? je i pashëm si unë? a ke dashur tjetër përveç mamës? ke fëmijë të tjerë? a kam vëlla a motër baba? më ngjasojnë mua? oh u lodha..."

"Linda! dil të lutem, ka ardhur mama e baba të të njohin. janë bërë bashkë; nuk do të ndahen më. ti, unë e ata të dy, do të bëhemi familje. ke familje ti Linda? a i lëshojnë edhe gjermanët fëmijët rrugëve kështu? eja me ne! do të bëhemi familje të gjithë. ndoshta më vonë, edhe vëllezër e motra të mi do të vijnë me ne."

"Jozef! jam unë, babai yt, Jusifi. zërat në ty janë zërat e mi, biri im. nëna ime gjithashtu, dëgjonte zëra të tillë. e pat' mbytur babai me sëpatë. mjekët thoshin se të gjithë fëmijët tanë do t'i mbysnin burrat e gratë me sëpata. zërat e mi, bir, ishin të fuqishëm. nëna jote kurrë nuk i dëgjonte ata. ajo kurrë nuk besonte në zëra, as në zhurma. ndaj e mbyta dhe të lashë ty atje. e dija që ishte vend i vështirë, por zërat e mi e të nënës sime fituan. ishin shumë dhe të fortë. unë kam qenë si ti. i brishtë e frikacak. njerëzia flisnin se unë i ngjaja babait tim, i dobët, disa të tjerë thoshin i ngjaja nënës: i çmendur. ti duhet ta vrasësh frikën biri im... ose Lindën... thyeja kockat e drunjtë! pritja litarët me thika të mprehta e ngulja në zemër. thellë..."

*

* *

— dr. Jolt! a është Jozef Ibrahimi pacienti juaj? çfarë certifikimi keni ju dr. Jolt? a jeni psikiatër i afirmuar?

*

* *

ato ditë e netë të gjata, truri i ngatërruar i një djali të ri në të njëzetat, përpëlitej mes jetës e vdekjes. jetonte mes kësaj e asaj bote. fliste me mijëra njerëz të panjohur që e poshtëronin dhe e pështynin. mes asaj gjullurdie, kërkonte dy njerëz të vetëm. Jusifin nga Azerbajxhani dhe Agnetën nga Danimarka. gjithçka tjetër sillej rreth dërrasash të thyera e copëra xhamash nga dritaret e galerisë. kanavaca me fytyrën e stampuar të Lindës, vërtitej rreth telajos së thyer, poshtë, mbi dyshemenë me dërrasa të gjera prej mogani.

zërat e bashkuar të mamës e babait, vërtiteshin dhomës së ftohtë të spitalit. në shtratin ku shtrihej trupi i Jozefit, rridhte ngadalë gjak nga një damar që doktorët nuk e kishin qepur e as e kishin fashuar.

*

*   *

— dr. Jolt... si do ta perifrazonit sëmundjen e të vdekurit?

— *"disorganized schizophrenia"*. ja! këtu keni edhe diagnozat e prindërve të tij, në një zarf që lanë tek shtëpia e jetimëve kur e dorëzuan.

— ora 4:27 e mëngjesit e datës yy të vitit zzzz... firmoseni ju lutem, doktor Jolt! bashkia e qytetit e kërkon këtë formalitet, siç mund ta imagjinoni.

*

*   *

shpirtat e Jusifit dhe Agnetës vërtiteshin rreth gropës ku do të rehatohej Jozefi... pak jetimë, miq të tij nga jetimorja, ishin pjesëmarrësit e vetëm në atë funeral. ata i shihnin shpirtrat tek ndrinin mbi gropë, por s'flisnin. ndonjëri murmuriste lutje. ajri i lagësht i prillit dhe lotët e Agnetës, i jepnin kuptim fytyrës së verdhë të dr. Joltit.

tatuazh

– eja, eja të ikim sa mâ larg vetes, diku njeti, diku ku s'na njeh njeri, as njohim vetet tona. unë do të iki vetëm, por eja edhe ti.

– nuk do të vij. jam për rrugë tjetër. do të shkoj në veri të qytetit; por ti ik, ik!

– po mendoja larg, larg fare, pra jashtë vendit, jo veç larg lagjes sonë... unë do të iki e vetme, por eja edhe ti me mua, eja!

– unë kam planet e mia, kam një ândërr të vjetër, që kur isha i ri; i ri fare domethanë.

– nuk ma ke kallzue kurrë këtë ândrrën? nuk më ke fol fare për të. fare, fare.

– nuk besoj të të kem folë ndonjiherë për këtë ândërr, jo. janë disa ândrra që njeriu i don vetëm për vete. kjo âsht nji nga ato. e kam vetëm për veten.

— a ke dëshirë të flasim për të sonte? a don që ta shkoklojmë fije-fije bashkë? ândrrat duhen fol, përndryshe të hanë, të shkoklojnë ato ty, të bâjnë fije-fije.

— jo jo. ik ti, ik! unë do të jetoj vetminë time, ose ândrrën time. por do të të shkruaj përherë, simbas rrethanave, kuptohet.

— ku do të shkosh ti? unë për vete do të shkoj në nji vend me diell, me ditë të gjata e të nxehta, po ti?

— unë do të shkoj në veri. atje ku kam kalue fëmininë dhe rininë e hershme, "*Highgate Cemetery*", këtu në Londër. nuk dua diell, as dua të nxehtë e as ditë të gjata".

— ik, ik ti në Hajgejt, se do të të ndjek mbas! por më fol tash për atë vend, ç'ka të ndjell?

— Emilia. ja ç'më ndjell! âsht nji vajzë e brishtë dhe e trishtë. lëkurën e lëmuet e të verdhë dhe sytë e mëdhej të zi me qerpikë të gjatë e të kthyem nalt, poshtë vetullave të trasha e të drejta. flokët i ka pasë të zes, por i ka ngjye. blertë e mavi. ana e majtë e kresë asht e blerta, kuptohet se tjetra asht mavia. qafën e ka të hollë, natyrisht, dhe të gjatë. jo dhe aq të gjatë xhanëm. aq sa duhet. shpatullat e dobëta e të uluna përposhtë janë të ngushta. gjoksin e ka të imët, pra jo të mbushun me tul, siç e pëlqejnë harbutët. belin e hollë dhe bark fare. kambët të drejta. e ke pa filmin francez me atë vajzën që shiste gazeta dhe tuba lulesh rrugëve të Montpeliesë? Monikë e quanin, të bie ndër mend? pak a shumë si Monika âsht kjo vajza ime.

— më kujtohet. atë natë kur dolëm nga kinemaja... ti ishe plot frymë. veç doje të flisje, dhe fole. fole pandalshëm deri në konvikt.

— po, ashtu ka qenë.

— mirë, mirë, vazhdo! nuk do të të ndërpres mâ. të premtoj. po më tërheq rrëfimi...

— mirë pra, po e zâ ku e lashë. ajo vajzë ka mbetë shul ngulun në mendjen time, qysh ditën që e pashë. ty të kam pëlqye vetëm nga përngjasimi me imazhin e saj. ta kam thanë, apo jo! përherë kur binim në intimitet, unë përjetoja diçka të çuditshme. ishte ajo me të cilën komunikoja... e ke vue ré? ndoshta duhej të të kisha thanë ma herët që ajo âsht e vetmja për mue, por kisha frikë se do të më ikje. nuk doja që ti të ikje. ti ishe ajo; pa të, nuk mblidhej jeta.

— sa mban nga këtu deri në Hajgejt?

— nga Milluolli deri në Hajgejt, âsht ndoshta nji orë a diçka mâ shumë me transportin publik, por pse më pyet?

— marrim taksi dhe e përgjysmojmë kohën. paguaj unë...

taksi!

*

* *

kur shkuan në varrezat Hajgejt, panë se porta e madhe prej hekurash ishte e mbyllun. ai tha se dinte një hymje të mshehtë që të çonte drejt e tek katakombet. kaluan përmes do lastarësh shermasheku t'varuna nga nalt-poshtë pemësh të mveshuna trungjeve me myshk të rritun. u ndalën pak para harqeve të

Libanit dhe, si kaluan përmes portës së Egjyptës, morën frymë thellë e u zunë dora-dorë drejt katakombeve.

*

* *

— ajo ka një tatuazh. në të vërtetë ka dy a ma shumë por për njênin po të flas. e ka në qafë, mbas veshit, pak mbi shpatull. asht një krye burri me flokët e preme shkurt dhe pamje të çuditshme. nuk e di pse pamja e tij âsht e çuditshme. ndoshta ashtu i âsht dukë asaj ose të dashtunit të saj artist, që shkruante tatuazhe mbi lëkurat e buta të grave. kurrë s'e kam kuptue pse ai shkroi fytyrën time mbi lëkurën e zbehtë të dashnores së tij. pse? nuk e pata pyetë kurrë as Emilinë pse pat' ndodhë kjo. përherë më tërhiqte mendimi që ai mund ta ketë ndier se, nga ajo kohë dhe mbas, ajo do të ishte imja, ndaj ai e stampoi fytyrën time mbi qafën e saj; aty ku mund ta shihnin krejt bota. aty ku rreh pulsi ma fort.

*

* *

ajo ndaloi pak hapat dhe një lloj frike e kaploi. filloi t'i fliste atij me ngadalë, por pa sukses. ai tashmâ ishte jerm dhe ecte me të shpejtë e fliste pa prâ. fliste e fliste dhe zâni i tij, sa vinte e bâhej mâ i rândë, mâ i trashë e ma i naltë. fytyra i qè zverdhun si faqja e hanës. ajo donte ta ndalonte disi, por frika e mbante mbas. sa mâ shumë fliste ai dhe sa mâ shpejt ecte, aq mâ shumë frikohej ajo. djersë të ftohta mbuluan vrik trupat e të dyve. katakombet ishin edhe njâ dhjetë a pesëmbëdhjetë minuta larg përmes rrugicës së errët mes vorresh të vjetra me kryqa të thyem, të rrëzuem e të mbuluem me barishte e insekte që joshen mbas kërmave e lagështinës së natës. tashmâ ai kishte kalue para dhe ndiente nevojën të fliste me zâ të naltë. me zâ deri në qiell. thoshte se ishte krenar për imazhin e tij në qafën e nji vajze të veçantë e të çuditshme. tashmâ ai vetë ishte ma i trishtuar se ajo që mbartte tatunë e tij poshtë veshit.

*

* *

— prit! të lutem mos shko larg, kam frikë. nuk ka vajzë me tatuazh atje. të gjithë janë të vdekun ka kohë e mote. nuk kanë as mish, as lëkurë, as tatuazhe. shihi flokët e mij! a s'e dán që janë jeshilë e mavi? shihi sytë e mij, shihi vetullat e mia të trasha e të drejta. të lutem mos! jam diabetike dhe po ftohem me të shpejtë. eja tek unë, unë jam vajza e Hajgejtës... unë e kam tatuazhin poshtë veshit, unë i kam sytë të bukur e të mëdhej. jam po unë me belin e hollë e barkun dërrasë. këmbët e drejta dhe gjoksin e vogël si e don ti. eja!

*

*   *

ai fliste me të madhe ndërkohë që ankthi ia kishte përfshi tânë qênien. ajo ra më gjunj dhe me dy pëllambët bashkue e futun mes kofshësh fliste tashmâ mâ shumë me veten se me atë: "pse s'i tregova kurrë që s'ka vajzë me tatuazh në Hajgejt... pse?"

*

*   *

sirenat e autoambulancave sa vinin e shternin zhurmat e tyne dhe bâhej e qartë se po hupnin diku larg në horizont. në atë anë të qytetit, nuk ka as spitale as klinika; s'ka as vorre a vorreza. vajza me tatuazh që ngritun më kambë, bânte kryq e buzëqeshte e kënaqun me veten përballë imazhit të saj që reflektonte në xhamin e penxheres së verandës. po agonte. hodhi shikimin mbi tavolinën plot letra e lapsa e saora u plas për një a dy orë gjumë mbi kanapé. një ditë e gjatë me mjegull e shi të imët e priste para.

kurvicka

– do të ta gjej një emër tjetër të të thërras...

– mirë. si? – pyeti gruaja.

– nesër.

– do të më pëlqejë emri që do të më gjesh, – foli ajo duke buzëqeshur.

– natën e mirë!

– natën! do të të vijë kollaj emri që do të më gjesh. – po.

burri ktheu shpinën, futi duart thellë në xhepat e palltos mbasi ngriti jakën dhe tërhoqi ngadalë hapat drejt barit.

– mirëmbrëmani! – u foli ai atyre tre-katër vetave që kishin mbetur në bar në atë orë të vonë të natës. – një *Courvoisier*! – iu drejtua banakierit me zë të ulët.

– qenke rregulluar? – e pyeti plaku me të qeshur.

– po, deri diku po. isha në një darkë me dy miq. ia grahëm ngadalë-ngadalë, secili nga dy shishe vênë. e rrufiti me dy hurfa... edhe një usta! dhe a di çfarë?

– hë!

– më gjej një emër të bukur gruaje!

– haha, – qeshi plaku përtej banakut. – çne?

– po shkruaj një libër... dhe aty më del një grua, por nuk më pëlqen ta thërras me emrin që ka. dua ta thërras ndryshe. dua t'i gjej një tjetër, më interesant.

– si vjen ajo gruaja? më thuaj! – foli prapë plaku tej banakut, duke shtyrë gotën me konjak.

– nuk e di usta... nuk e kam takuar kurrë, por e kam disi në imagjinatën time si diçka të imët, çapkëne. le të themi që ka buzë të nxehta, gjoks të vogël, kofshë të ngjeshura, sy të mëdhenj, të gjelbër në gri, e brishtë, dhe shpesh e trishtuar... sonte më vjen ta josh. ta ftoj përtej deti e ta pres më këmbë, gjithë natën, derisa të vijë aeroplani... edhe një tjetër!

– i ka flokët të dredhur?

– edhe një konjak usta, lëri flokët!

– po, do të ta jap, por më thuaj: të dredhur i ka flokët? të errët?

– po. ma sill konjakun tash!

"flokët... si i ka flokët ajo?" foli me vete teksa ndiqte me sy banakierin që hidhte lëngun ngjyrë floriri në atë gotën me bark si barrë gruaje.

– Vilma! – foli me zë të lartë banakieri që matanë banakut. – ja konjakun! ... Vilma quaje gruan! gratë e tilla janë Vilma të gjitha. dhe të gjitha Vilmat janë gra të çuditshme. përveçse kanë mendje të mbrapshtë, janë çapkëne etj, janë të nxehta e pak lavrake. kisha njëherë që thua ti, një Vilmë unë. ishte si kjo Vilma jote, tërheqëse. veç ajo imja ishte pakëz kurvickë. e kupton ç'dua të them apo jo! ... ja dhe konjakun e fundit nga shtëpia dhe thyej qafën, se je dehur! – ktheu shpinën banakieri dhe e shihte burrin nga pasqyra e barit e qeshte. ky i fundit e pa dhe buzëqeshi... "Vilma", foli me vete dhe ngriti gotën me fund.

nxori telefonin dhe i shkroi. "Vilma, ti je pakëz kurvickë... a të pëlqen 'Vilma'? të pëlqen emri i ri? më shkruaj!"

duke fishkëllyer "*Yellow submarine*", u drodh frike tek një mace e bardhë i preu rrugën me shpejt. hapat e tij dembelë zhargeshin drejt kthesës së errët për nga shtëpia.

një letër në aeroplan

isha tejet i lodhur. qeshë larguar nga Londra dy ditë më parë, kisha ndaluar në Stamboll për gjithë ditën, në Seul për gjashtë orë të gjata e tash, sapo isha rehatuar në ndenjësen time të aeroplanit që na mori në Tokio e do të na shpinte në Osaka. Osaka është qytet i shëmtuar. kështu më duket kur lodhem, por ndërroj mendje kur dal e shëtis nëpër atë gjigant japonez, të vjetër e të ri, primitiv e modern në të njëjtën kohë.

stjuardesa një vajzë e hollë dhe e bukur, e veshur shik e me buzëqeshje interesante, më preku pak në shpatullën e djathtë e me një theksim komik të anglishtes, më pyeti: — *coffee? tea?*

zgjata dorën e pëshpërita me mundim fjalën *"tea"*. rehatova kupën e çajit në gropëzën e vet dhe tërhoqa një revistë nga xhepi i ndenjëses para vetes. një copë letre e zverdhur, ra nga revista. me përtesë zgjata dorën në dysheme për ta marrë. zonja Umezaua, një kolege imja dhe shoqe e kahershme, e cila ishte në të majtën time e kërkoi dhe ia dhashë. ndërkohë që ajo i hidhte një sy letrës, unë shfletova pa vëmendje revistën turistike.

. . . .

zj. Umezaua, më ndeshi lehtë me bërryl e më tha se letra ishte dorëshkrim dhe se ishte mjaft interesante t'ia hidhja një sy.

– anipse në një japonezçe të varfër. mund të të tërheqë *mr. Tab.*

– e si mund t'ia hedh një sy Uma, kur unë nuk di asnjë fjalë e asnjë germë?

– ta përkthej unë, – tha, duke më shkelur syrin e duke rrudhur pak buzët mënjanë në shenjë llastimi.

– mirë, – fola dhe ula pak mbështetësen e ndenjëses sime. mbylla qepallat dhe i thashë se do ta shijoja leximin symbyllur.

"e dashur Takoma!

më vjen shumë shumë keq që detyrohem të iki kështu, vrik, pa të folur e pa u përshëndetur. diçka ka ndodhur e më duhet të jem në Hamburg patjetër, sa më parë. shpresoj se do të shihemi sërish, por nëse jo, kam lënë ca para për ty nën vazon me lule mbi tryezën e dhomës së gjumit. nuk të zgjova kur u largova...

dy ditët që kaluam bashkë, do t'i mbaj mend gjatë. askush para teje nuk më ka plotësuar sa ti. askush. kam qenë nga s'kam qenë, por si ty, nuk kam ndeshur. aroma jote, përngjet me hiç më pak se me aromat e qiellit, trupi yt, fytyra... ah!

Takoma ime e dashur, do t'jetoj me puthjet e tua. kam ca çështje me rëndësi për t'i dhënë drejtim dhe sapo të kem mbaruar, do të të telefonoj për të të treguar kur e ku do të shihemi… të puth fort, fort!

yti,

Fredd Houfmann."

heshtje …

unë mendova se Umezaua do të vazhdonte leximin, por me siguri do të ketë menduar se unë po flija. mbas ndoshta dy-tre minutash, m'u duk se kisha dremitur e më doli gjumi dhe, e para që më shkoi ndër mend, ishte t'i kërkoja Umezauas të vazhdonte leximin…

*

* *

– zojusha Umezaua?

– po…

– e pastaj, si vazhdon?

– oh, zotni T! sa i lezetshëm je…

– pse?

– letrën e ka shkruar një industrialist gjerman për një prostitutë. ha ha ha, tash e kuptoj pse s'i ke qejf gjermanët … budallenj, hë?

— jo, s'do t'i quaja budallenj të tërë, jo.

— a e di ti, *mr.* T se ky "pasunari gjerman" e ka marrë letrën me vete? apo jo?

— çfarë?! nga dreqin e kuptove ti?

— është e shkruar në letër zotni. gjermani vetë shkruan se e ka lexuar letrën e vet një mijë herë, para se të kujtohej që duhej ta kishte lënë diku në dhomën e prostitutës.

zojushë Umezawa qeshte pandalshëm e unë bashkë me të.

— po "arsyeja" për të cilën s'e zgjoi. hë buçko? ha ha ha!

...

"pas njëzet minutash do të zbresim në Osaka", foli zëri nga altoparlanti në japonisht e anglisht.

— s'më pëlqen Osaka, — tha Umezaua me pëshpëritje, duke mbërthyer rripin e ndenjëses. buzëqesha, duke e parë në sy, si për t'u siguruar se s'po më qesëndiste mua.

bisedë në librari

ishte vjeshtë. diku nga fundi i nëntorit. kisha vendosur që më herët ta kaloja të shtunën në librari. pata menduar se, ideja më e mirë, do të ishte diku në qendër të Londrës e ashtu bëra. një natë më parë, përgatita çantën e shpinës. një shishe ujë, një paketë me biskota, një fletore shënimesh e dy-tri lapsa. mora edhe një libër, pasi e pata nisur dhe kisha kaluar gjysmën, kështu që, mendimi i zakonshëm se do të blija një të ri dhe do të filloja ta lexoja aty, ra poshtë.

nga ku banoja, deri tek libraria, nuk mbante më shumë se dymbëdhjetë-trembëdhjetë minuta me taksi. *"Waterstones Picadilly"*, ndoshta libraria më e madhe në botë. gjashtë kate e lartë, ndërtesa nuk paraqet ndonjë vlerë arkitekturore. "sanduiç" ndërmjet dy ndërtesave tjera, në të njëjtën lartësi, e në stil *Waterstone*, është lakuriq. vetëm xhama dhe mur, pa detaje, pa ide ekstravagante arkitekturore që do t'i shkonin për shtat një institucioni të tillë; por kishte diçka të veçantë veç. streha e ndërtesës ishte me kuadrate xhami, përmes së cilave kalonte natën një dritë e zbehtë, e cila e bënte të dukej si një dritare gjigante e qiellit. do t'i vizitoja me doemos të gjitha katet, por fillova në mënyrë preferenciale nga kati i parë.

kati i parë, në realitet nuk ishte i pari. kishte edhe dy kate të tjera nën të. ata quheshin kati përdhes e kati nënpërdhes, çka domethënë, dy kate nën rrugë. kati i parë ishte dashuria ime e parë me këtë librari. aty stivoheshin mijëra e mijëra libra "fiktivë dhe kritikë letrare". nuk isha i dhënë aspak mbas kritikës letrare, por fiktivja është ajo që do të humbja të fundit nga letërsia. u solla e u solla, pa u ngopur.

"*Waterstone Picadilly*" është tempulli i çdo lexuesi që bie në kontakt me të. kur shkova tek seksioni i Filozofisë e Psikologjisë, isha i lodhur. kisha plot tri orë vërdallë lart e poshtë. pulpat më shtrëngonin e shputat e këmbëve me digjnin. u ula në dysheme, e u mbështeta mbas një rafti me libra. hapa çantën dhe piva pak ujë nga shishja ime. ishte ngohur tashmë dhe nuk më shijoi aspak. brofa më këmbë pasi më shkoi mendja se, në katin e dytë nën rrugë, ishte një kafene e lezetshme. kohët e fundit i kishin zëvendësuar stolat prej druri të trashë e tryezat e vjetra me diçka më moderne. unë i doja të vjetrat. kishte gërryerje e shkarravina të llojllojshme e të çuditshme mbi to. propozime dashurie, sharje, vizatime gjithfarësh. mallkime marksistësh apo komente rreth librave konspirativë. kollaj krejt, dikush mund të kalonte ditën mbi to, pa drojën se do të mërzitej. poezi të shkurtra, citate e ç'nuk... por, ato nuk ishin më!

hapa librin që pata blerë ca kohë më parë "Një vdekje e lumtur", vura çantën ku do të ulesha vetë dhe u rreshtova për kafe pranë banakut. kur u ktheva, pashë një djalë e një vajzë që kishin zënë përkatësisht anën e majtë dhe të djathtë ku do të ulesha unë. lëviza çantën, e lëshova përdhe e u përshëndeta me të dy. mendova se ishin bashkë dhe u propozova të ndërroja vendin me ndonjërin nga ata, por më thanë se nuk ishin bashkë. fillova të gjerbja kafenë e ngrohtë dhe m'u kujtua të nxirrja biskotat nga çanta. i vura mbi tryezë dhe i ftova edhe dy fqinjët të merrnin po të donin. buzëqeshën, por nuk vunë dorë mbi to.

*

* *

kishte kaluar vakti i drekës tashmë kur, Endrju, djali në të majtën time, u ngrit e na ftoi të shkonim për të ngrënë diçka tek një "*fast food*" jo larg nga aty. Elizabeth, fqinja në krah të djathtë, kundërshtoi shkurt: − jo! le të vazhdojmë bisedën. nuk ndërpritet kështu vetëm pse po humb debatin!

ajo hodhi shikimin nga unë. unë nuk isha më në mes të të dyve, pata dalë përballë kur një zotëri nja dyzet-dyzet e pesë vjeç u largua, si duket i shqetësuar nga zhurma e pasioni i diskutantëve në të majtën e në të djathtën time. libri im u bë shkak për fillimin e debatit:

− Kamy?

− po, por nuk e njoh mirë… libri i dytë që lexoj.

− oh! − tha vajza me sigurinë e një njeriu të stërvitur. − mos iu ndaj, dhe a e di çfarë? konsideroje ketë libër si pararendje të librit *"The Stranger"*. kështu, libri tjetër merr më shumë kuptim, sidomos për njerëzit si ti, që nuk janë të mësuar me autorin.

këtu u fut në bisedë djali në të djathtën time, Endrju:

– e pse na qenka Kamyja më i miri sipas teje? – pyeti ai Elizabethën. pa pritur përgjigje, vazhdoi me sulm: – ka shumë bashkëkohorë më të mirë se ai.

– ou! pa hë o gjeni, na i rreshto ata "sa të duash" që qenkëshin më të mirë!

– nuk tha që është më i miri, – ndërhyra unë. – tha se është shumë i mirë dhe se duhet ta lexoja krejt veprën e tij. kaq.

– jo jo, nuk thashë ashtu, – kërceu Elizabetha. – në fakt ashtu thashë, por tani që gjeniu po na tregon se paska "sa të duash" më të mirë, po e ndërroj në "më i miri" dhe pikë.

Endrju ishte pasionant e debatues aq i flaktë sa ç'dukej edhe Elizabeth.

– Kazanzaqis, sa për fillim. si të duket princeshë? – pyeti ai, jo pa ironi.

unë u gjenda në një pozicion të pavolitshëm. u hap një debat për dy shkrimtarë, nga të cilët kisha lexuar vetëm nga një libër; krejt i çarmatosur për një bisedë në mes dy vetave plot pasion e, siç dukej, edhe plot kulturë.

– jo, nuk kemi pse e ulim zërin, – m'u drejtua ai, kur i kërkova të flisnim me zë më të ulët. – pse ta ulim? ke kund lajmërim me shkrim se duhet të flasim me zë të ulët? jo! ke kund të përcaktuar se cili është zë i ulët e cili i lartë? jo përsëri… pastaj, ti ose merr pjesë në debat ose rri jashtë.

vendosa të heshtja hëpërhë, por Elizabeth kishte mendje tjetër.

— le t'i krahasojmë të dy o gjeni, — iu kthye ajo ngadhënjimtare. — çfarë do të na sjellësh si argument që, një shkrimtar si Kazanzaqis, t'ia kalojë Kamysë?

Endrju këmbëngulte se Kazanzaqis kishte qenë më i mirë se Kamyja e, për këtë, binte si provë vetë autori.

— Kamy ka thënë kur fitoi çmimin Nobel se, Kazanzaqis e humbi garën vetëm për një pikë. komisioneri Zhan-Pol, me votën e tij për francezin e vet, bëri që Kazanzaqis të mos e fitonte garën, — vazhdoi Endrju.

Andreas ishte emri i tij i vërtetë. Andreas ishte grek sikur Kazanzaqis. Elizabeth as e përfillte atë lloj argumenti me idenë që nuk ishte i vërtetë si fillim, por edhe sikur të ishte i vërtetë, prapë, argumenti i grekut nuk vlente për dy arsye: e para, sepse Kamy kishte fituar dhe se, ndjekësi me një pikë më pak, nuk ka pse të jetë më i mirë; dhe e dyta: pohimi i djalit se ai ishte grek dhe i kishte lexuar veprat e Kazanzaqis në origjinal.

edhe Elizabeth, nga ana e saj, krenohej se e dinte frëngjishten më mirë se anglishten, pasi atje kishte kaluar nga gjashtë vjeçe deri në katërmbëdhjetë. prindërit e saj kishin një kantinë vere diku në jug të Francës. biseda vërtitej andej-këndej e prapë, disi, gjente rrugën për tek përplasja Kamy-Kazanzaqis.

Endrju kërkoi ndjesë dhe u largua.

— tani, je për një drekë të ngrohtë? — m'u drejtua Elizabeth, duke qeshur me të madhe. ndihej fituese e debatit, e për këtë, kërkoi edhe konfirmimin tim.

— po, — i thashë, — edhe unë mendoj se ke të drejtë. ndonëse siç e thashë më parë, nuk i kam lexuar autorët…

*

* *

në këtë bisedë e sipër, Endrju u kthye prapë. tani ai ishte me një libër në dorë. e hapi ku kishte kthyer faqen në të cilën kishte nënvizuar tre rreshta dhe iu drejtua asaj: — na princeshë! lexoje, por me zë.

ajo e lexoi ngadalë e qartë. aty thuhej se vetë Kamy, kishte thënë mbasi kishte fituar çmimin Nobel se, Nikos Kazanzaqis ishte shkrimtar i dorës së parë dhe se çmimin, duhej ta kishte fituar ai. ndonëse shkrimi nuk ishte i vetë Kamysë, por citim i një kritiku me famë botërore, emri i të cilit më ka rrëshqitur nga kujtesa. Elizabeth ngriti duart e tha se dorëzohej.

— tani do të shkoj sipër e do të blej tërë librat e Nikos, — tha ajo me buzëqeshje. i mori asaj një orë të plotë kur u kthye me disa libra në dorë.

Andreas ishte larguar ndërkaq. ai më dha numrin e telefonit para se të nisej e më tha: — nëse e sheh që zonjusha do të shprehë keqardhje që jam larguar, të lutem, jepi numrin tim!

Shpellëkorbja

atë dimër... atë dimër të butë si kurrë më parë, u ndeshëm te Shpellëkorbja.

– unë jam mësuesja e fshatit. po ti?

– unë jam turist nga qyteti, – fola duke buzëqeshur. kur thashë kështu, ti qeshe, por fill u ngryse. me vetullat e mbledhura, fillove të më flisje për historinë e shpellës.

"shpella e zezë", thashë unë. "korbe", the ti, "Shpellëkorbe".

më fole për atë mësuesin e Planit që kish' zënë merak në një vajzë të re në Prekal dhe si e kishte grabitur. se pse pate frikë dhe e le në mes tregimin!

binte shi me rrëshekë. u ndalëm të dy e u strukëm në vetet tona. një mendje më thoshte të të mbuloja me trupin tim, ose veç me xhaketën time të lagur. "kanë kaluar italianët këndejpari", më the ti. Shpellëkorbja kishte qenë magazinë armësh për ta. flitej se një ushtar italian i kishte folur një vajze të vogël dhe fshatarët e kishin parë e ia kishin këputur kokën me kmesë. sa herë një vajzë afrohej mokrave të Kirit...

aty e kishin hedhur italianin, diku nja dyzet a pesëdhjetë metra poshtë në zall të lumit. disa thoshin se ushtari e kishte prekur vajzën e vogël nga gjoksi, disa të tjerë, se vajza kish' shkuar e larë në gjak në shtëpi dhe fshatarët e kishin qetësuar e pastruar shpejt e shpejt dhe kishin marrë pishtarët e natës e ishin futur te Shpellëkorbja. kishin rrëshqitur zvarrë ushtarin e parë që u kishte zënë syri. e kishin zhdëpur me hunj dhe e kishin kryqëzuar në një ulli bri mokrave me krahët hapur mbi dy degë të pemës lidhur me kulpra. një grua me barrë, kaloi aty pranë e lëshoi kujën: "mbyteni! mbyteni farën e qelbur!" kish' vënë duart te barku pastaj gruaja dhe kish' vrapuar drejt shtëpisë si e marrë. kurrë s'ishte parë më gruaja. burri i saj kish' falisur e marrë malin. disa flisnin se u kishin bërë mëni e, do të tjerë, thoshin se gruaja kishte mik një ushtar të huaj; me të kishte fëmijën në bark e me të kishte ikur diku larg. larg fshatit, larg burrave që veç pinin duhan e larg barqeve bosh të fshatareve të shtrembra. askush nuk e kish' marrë me të tallur gruan me bark te goja. asnjë nuk e kish' përfolur, si rrallëherë në anët tona. ishte gruaja më e bukur e fshatit, thoshin të gjithë për të, por burrin e kishte budalla.

dita kishte filluar të ftohej. shiu kishte pushuar. ne po dridheshim. folëm për gazetën "Drita". për numrin e së dielës së shkuar. një poezi e Rudolfit, një përkthim nga turqishtja i Kopi Kyçykut e ca poetë rrangallë të tjerë nga Lezha. folëm për plazhin, për verën. për kushërirën tënde nga Tirana, që ishte e çmendur, por që këndonte bukur. si mjegull e kam përshkrimin që i bëre asaj kur kishte dalë lakuriq para policisë së qytetit dhe u kishte folur policëve për anatominë e njeriut. pasi u kishte llafosur për qarkullimin e gjakut, sistemin nervor, skeletin e trupit, sistemin e tretjes, e çmendura kishte folur pa ndalur pothuaj një gjysmë ore për sisët dhe i zinte ato me dorë tek fliste, pa pikë turpi. nganjëherë mbante frymën e qeshte, budallaqja.

Vangjeli ish' gajasur dhe e kishte zënë për beli për ta larguar. Ludmilla kishte qeshur dhe ia kish' zënë njërën dorë atij, ia kish' vënë te sisa dhe i kishte folur lehtë me zë të ulët: "kafshoma thithën Vangjo!" pastaj, një polic tjetër e kish' vënë re se Vangjeli ishte ndezur, dhe kish' lëshuar qenin e policisë. Ludi ishte lebetitur e ashtu me duar në gjoks, lakuriq, ia kish' dhënë vrapit.

flitej se doktori i natës flinte nganjëherë me Ludin. ishte e çmendura më e bukur në botë, thoshin të gjithë. ti flisje për Ludin me keqardhje, por edhe me neveri.

isha përhumbur. doktori, polici, ushtari, vajza e ngacmuar gruaja e barrësuar e çmendura e bukur që flinte me mjekun rojë.

— Eli, a je mirë?!

pastaj Preçi me poezinë e tij për rrënjët e dashurisë e ajo poezia e Dritëroit për një grua turke sikur e qitën Shpellëkorben mënjanë.

gojëdhëna thotë se emrin, Shpellëkorbja, e mori nga dy priftërinj: njëri spanjoll e tjetri austriak. ata ushtronin aktivitetin e tyre në dioqezën e Pultit. disa thoshin se ishin spiunë e, disa të tjerë, se ishin armiq të Perandorisë Osmane.

nuk ishin priftërinj fare. vetë ata, në besim, i kishin thënë bajraktarit të Shalës se ishin edhe priftërinj edhe armiq të myslimanëve; kështu të paktën flitej në milet.

– Eli, eja ta ngjisim malin. dua ta shoh shpellën nga afër...

...por gjojëdhënave nuk duhet t'u besojmë! përherë ka gënjeshtra e nga anët tona, gënjeshtra vetëm lëshon shtat sa herë gojëdhëna tregohet e ritregohet. thuaje diçka në spanjisht...

– nuk e dija që ti flisje spanjisht, Eli.

– nuk flas. vetëm di gjuhën. e kam mësuar nga babai; babai nga prifti i Shalës, kurse ai nga prifti spanjoll.

shiu kishte ndaluar. po errej.

– Eli. Eli, si do të bëjmë?

*

* *

– flitet se diçka po luan në Tiranë. Tirana do të jetë qendra e lëvizjeve të ardhshme. janë disa të rinj atje që po lëvizin. njerëzia do të marrin rrugët e botës. me duar në sisa e me vrap do të largohen... si Ludi. të gjithë do të qeshin, si Vangjua. disa do të vjellin vrer mërzie e, do të tjerë, do të përkthejnë priftërinjtë e rinj që do të na mësyjnë. ushtria e priftërinjve është rreshtuar e pret çarjen. një arrë e vogël gungçe do të plaset e do të vjellë mijëra Ludmilla, të cilat do të marrin rrugët me vithe e kofshë zbuluar. me thithkat mëkuar policëve të huaj. polici do të jetë Marcello, jo Vangjeli. Vangjoja do të marrë gruan e të vëllait për grua e do të shkojë në Greqi. do të ketë uniforma moderne me rripa e kapela e me shirita të bardhë. këpucë të lustruara...

as ushtarë nuk do të ketë më, vetëm ushtria e spanjollit dhe e austriakut do të marshojnë me rroba ngjyrë kafe Bulevardit Stalin e Sheshit Skënderbej.

Ludi do të veshë minifund, por do ta mbajë gjoksin jashtë lëshuar. kështu do të jetë gjuha e komunikimit mes errësirës së Shpellëkorbes dhe ushtrive austro-spanjolle. do të ngrihen spitale psikiatrike gjithandej, por pacientët do të rebelohen. të çmendurit do të marrin priftin, policin e ushtarin, e do t'i fusin në shpellë të gjithë... në Shpellëkorbe. nuk ka mikrobe atje. as zvarranikë. vetëm pëllumba të egër. pëllumba thonjpaprerë të kohëve të parzmoreve. vigjilje bëjnë me radhë dhe ushqehen me sy korbash... a fillove tani ta rrokësh toponimin?

— eja të ta marr dorën dhe të shpejtojmë për nga Shkodra. ti je i ri, shumë i ri. ti duhet të ngjitesh pas Ludmillës e të shkosh diku larg. Ludi më thotë se natën flet me njerëz të bukur, diku nga veriu. nga Finlanda ka shumë mike Ludi.

dikur, kur ishim të vogla, atje në Tiranë, mua e Ludin na prekte një komshi në vende turpi. ai komshiu kishte dy gra. një grua e kishte në fshat. punonte veteriner tek fshati ku kishte gruan. e mbante fshehurazi. një herë donte të na vizitonte mua e Ludin, por nuk shkuam. shtëpia e tij kishte oborr të madh. anash mbjellë me kallama kinezë, në mes dy a tri pemë hurmash. vetë shtëpia ishte e mbuluar me shermashekë deri mbi çati. ishte si shtëpitë në librat e Hygoit. e frikshme, si banesë gjarprinjsh të ftohtë. më vonë, Ludi kishte shkuar me Lindën, shoqen e mëhallës, tek shtëpia e veterinerit. kishin luajtur bashkë me top e pastaj ishin lodhur e ai i kishte vizituar të dyja me kujdes. gjithandej...

"na sillte herë para e herë prapa dhe na bënte gjilpëra", thoshte Ludi. por Ludit nuk i besohej. Ludi e gojëdhëna janë fjalë boshe. "pallavra", thoshte babai im për gojëdhënat. ai besonte vetëm në fakte. jo në pallavra. por faktet, Linda e Ludi i kishin fashuar mirë, siç i kish' mësuar veterineri. babai thoshte se nuk i duhej besuar askujt, por ato të dyja i besonin veterinerit. babait nuk i besonin, as Zotit. veterinerit po. atë e thërrisnin "doktor" dhe qeshnin e u shndrisnin sytë kur u vinte me shportë me qershi e dardha nga fshati. Shpellëkorbja duhet t'i dijë të gjitha këto histori Emir. ndaj e quajnë ashtu. ka pëllumba të egër atje. as korbat nuk afrohen. paradoks apo jo! − foli Eli duke ma shtrënguar dorën e duke e ngritur lart sikur të fluturonim.

nuk folëm më aspak për veterinerin, Ludin, Lindën, ushtarin italian, priftërinjtë spanjollë e austriakë etj. nuk folëm as për gruan e bukur që iku me ushtarin e huaj dhe la pas burrin budalla. Eli tha se dinte të këndonte po aq bukur sa Ludi. "është në gjene si duket", tha ajo... filloi një këngë spanjolle që më pëlqeu shumë.

− a ia di fjalët?

− jo, nga t'ia di! nuk e di gjuhën.

foli për gjuhët e huaja Eli pastaj, e herë pas here ia plaste ndonjë kënge. herë spanjisht, herë shqip.

— ke dëgjuar për shpellën e Abdullah Agë Jellës ti?

— jo. por nuk kam interes për atë shpellë... Shpellëkorbja më intereson.

Eli qeshte nën buzë e përshpëriste ngadalë: "sa ka parë Shpellëkorbja..."

kur iu afruam Shkodrës, se pse mendova që Eli do të më puthte. unë isha pesëmbëdhjetë e ajo njëzetekatër, por kjo nuk kishte rëndësi nëpër libra. kishte raste sa të doje që gra të moshuara puthnin djem të rinj. unë isha më i gjatë se Eli e kjo më jepte shpresë.

në të hyrë të qytetit, ishte stacioni i parë i shërbimit urban. hipëm në autobus dhe u mbështetëm ndër hekurat e rrethit në mes të një autobusi të stërgjatë... Eli banonte te tezja e saj në një lagje të vjetër mu në mes të qytetit. zbriti aty dhe vetëm ngriti dorën e tha "natën e mirë", sikur t'i fliste një udhëtari të panjohur. përmes xhamit të lagur e të pistë të autobusit, shihja siluetën e Elit tek largohej me hapa të ngadaltë drejt një rrugice të ngushtë.

pjesa e dytë

fluturime irracionale

— ja do të të them si e shoh trurin tonë: me dy hemisfera ngjatë njëra-tjetrës, në dukje simetrike, në konstrukt krejt të ndryshme, të kundërta; njëra funksionon si fantazi, tjetra si *ratiō*-arsye.

— cilën hemisferë?...

— shsht! fantazinë sigurisht. fantazia është pjelloria e trurit. ratiō është pjesa analitike keqfunksionale e tij, derogativë e hemisferës fantastike. fantazia të shpie në qiej. arsyeja? shpesh nisemi për në kuzhinë dhe përfundojmë në ballkon apo banjë. nuk duhej të kishim logjikë fare... a s'gabojmë sa herë arsyetojmë? lëre, lëre!

— si kalove sot?

— mirë... po ti?

— pushim. vetëm kam pushuar dhe e shijova.

— ah! paske bërë njësoj si unë. e di çfarë bëra unë sot paradite? u ngrita nga gjumi dhe, pasi u sorollata pak nëpër internet, hëngra mëngjesin dhe shkova sërish në shtrat. u shtriva, mbylla sytë dhe shkova në një dimension tjetër. shkoj aty ndonjëherë... dhe është shumë bukur atje, gjithmonë. ishe edhe ti... e kam seriozisht, nuk po tallem, por nuk mbaj mend çfarë folëm.

— e si u solla unë?

— shumë i ëmbël... (për çudi) edhe me mendjen time...

— i ëmbël nuk është çudi.

— shkrova një prozë të shkurtër dhe nja dy vargje poezi, por i harrova.

— pse nuk i hodhe në letër?

— nuk është çudi... e di... por po të ngacmoj bre

... sepse i harrova. mendova që nuk do t'i harroja

— gjërat e vlera harrohen. ja, unë një ditë harrova sahatin në nevojtore të restorantit... po. e nuk u ktheva më, e dija që e kishin marrë. e pata blerë në aeroportin e Zyrihut, 16 euro.

— por duket që gjërat nuk kanë dëshirë të vijnë nga ai dimensioni tjetër këtu.

— kërkoji atje! kur të jesh herën tjetër shih, ndoshta vijnë me ty në ketë dimensionin batak.

— herën tjetër kur të shkoj... po ndoshta.

— është bukur atje?

— shumë... jo gjëra materiale, pra jo pemë, bar a lule, por si ndjesi.

– çfarë ndjesish?

– e di si është pak a shumë? e ke parasysh mungesën e peshës? për shembull, kur je në një shtregull...

– po, mendjelehtësia është pa peshë...

– e po...

– ...dhe pëlqehet.

– prit, mos shko tek mendja!

– në pritje përherë...

– ...se nuk foli kush për mendjen. pra, është ndjesi si mungesë peshe, që të krijohet në stomak dhe vazhdon gjatë... si rënie pra, diku poshtë. diku që s'njihet, as dihet.

– po, ankth, gati-gati.

– deri kur pengohem unë diku dhe ngjitem prapë.

jo ankth, jo, jo. ankthi është i keq, kjo është një ndjesi shumë e ëmbël dhe e butë.

– edhe ankthi është i bukur dhe i butë. jo i butë, por i nxehtë; vlon.

– po, por më duket se nuk është tamam ankth ky që thua ti.

– ka vetmi aty në dimensionin tjetër? si kjo vetmia këtu? sepse, mendoj unë, në gjendjen e ankthit, ke një parandjenjë të fortë që diçka jo e mirë vjen pas.

– po, ka vetmi atje, por kësaj here nuk isha vetëm.

– të pëlqen vetmia atje?

– më pëlqen... ndonjëherë (kohëve të fundit), shkoj në shtrat paradite ose nga mesdita me një qëllim të caktuar. ti e di, jam krejt e vetmuar...

– a shoqërohen të vetmuarit me njëri-tjetrin atje? apo vetëm, si në dimensionin tonë?

– po sigurisht.

– dhe a duhen vetmitarët?

– sigurisht.

– a bisedojnë natën? a ngatërrohen me engjëjt?

– nuk kam qenë asnjëherë natën, kam frikë. gjithmonë është diçka si muzg herët andej.

– por fluturojnë veç...

– po. dhe janë të marrë! por të marrë interesantë, të çuditshëm e të veçantë, disa të talentuar, muzikantë, të degjeneruar e ç'nuk.

– çfarë është "marria"?

– marria është dëshirë e zjarrtë, dëshirë për të vdekur vetëm me një vetmitar tjetër në krah, që të puth tek shuhesh... marria është të jesh ndryshe dhe të shkruash një poezi; poezi për vdekjen.

– vdekja është romantike.

– po. është dydimensionale. është faqja tjetër e kurvërisë; njëra faqe është jeta, tjetra vdekja, siç the ti, me një vetmitar përkrah që të puth.

– të merr diku e të shpie tjetërkund, mister është.

– është pragu ku ndalon dija njerëzore.

– po, dhe futet fantazia, imagjinata në lojë.

– po.

– dhe fantazia ndriçon më shumë se mendja. e di ti që ne nuk fantazojmë me mend?

– fantazia dhe intuita dhe parandjenja e turpshme.

– jo, nuk fantazojmë me mend pra, fantazojmë me frymë.

– a e di ti që janë tre organe inteligjente në trupin tonë?

– ndaj na ndalet fryma shpesh... dhe shkruajmë poezi. e di ti që poezitë janë letra transparente të marrisë së poetit? e di, hë! dhe janë truri, zemra dhe kuraja.

– pa frymë. e kam fjalën kur shkruajnë pa frymë.

dhe s'e di ti a dikush tjetër që poetët janë maskarenj amoralë; pse?

– jo! nuk e thashë unë atë. si mund ta thosha, jo. janë shpirtra të deformuar, po. kjo po. këtë e them pa frikë. ndryshe do të luanin poker. luan poker ti? nuk besoj. poetët nuk luajnë poker asnjëherë. dhe janë të dobët në matematikë.

– bisedat pas mesnate janë jerm së shumti. kjo nuk është jerm. është bosh; bosh si vetmia jonë. ...po të lë. do të përpiqem të kaloj andej. të shoh si janë punët natën. dhe shih ti, mos thuaj që jam e marrë!

burri me pallton gri

kisha një orë pushim në vakt të drekës e, ngaqë nuk e ha drekën kurrë, shkova tek një park pranë vendit ku punoja. mora më parë një kafe dhe një paketë cigaresh e u rehatova në një stol. meqë ka kohë që nuk blej gazetë, celulari është mënyra më e përshtatshme për t'i hedhur një sy botës.

ndërsa isha duke lexuar, u afrua një burrë diku afër të gjashtëdhjetave e u ul në stolin pranë meje. nuk i fola. edhe ai nuk më foli. mbas nja katër-pesë minutash, më përshëndeti. ia ktheva përshëndetjen pa e parë në fytyrë. heshtje... ndieja që më vështronte tërë kohës dhe, disi i sikletosur, ktheva shikimin nga ai. dukej i shqetësuar. sytë i kishte të mjegulluar. i uli përdhe si i zënë në faj. prapë i ngriti e filloi të fliste me nxitim. dukej në ankth. dy a tri herë desha ta ndërprisja për t'i dhënë kohë të çlodhej e të merrte veten. më erdhi keq për të... nuk deshi ta ndërprisja. bënte me dorë që të mos e ndaloja. fliste sikur do të linte amanetet... sikur të kishte vetëm aq pak kohë në dispozicion, dhe duhej t'i zbrazte të gjitha shpejt e shpejt.

— vajza ime është mësuese në një shkollë të mirë, dhe djali punon në polici. vajza e ka rrogën më të vogël se djali. djali punon shumë orë në javë, mbasi nuk ka familje, e vajza punon tek një shkollë katolike. është shkollë e mirë, por e paguajnë shumë pak. ajo fle atje me motrat murgesha që mësojnë fëmijët. fle në papafingo, tek një odë e vogël, që deri vonë e kanë pas' përdorur si magazinë rrobash. nuk paguan qira. motrat e strehojnë pa para, por vajza ime nuk është murgeshë. jo, jo nuk është. djalin nuk e shoh shpesh… ai punon shumë, punon me orë të gjata. vajza jo. vajza ime është e bukur. a e njeh ti Adelen, këngëtaren e famshme? po, e njeh. e kush nuk e njeh! vajza ime është e bukur si Adele. por vajza ime i ka flokët e zinj. edhe sytë e zinj. a e di si është vajza ime? është shumë e bukur, të thashë? si Adele është. djali ka një të çarë nën gushë. ka pas' qenë rrëzuar nga karroca kur ishte i vogël. gruaja ime… oh, se nuk të fola për gruan time. të fola? jo, jo nuk të kam folur. gruaja ime ka qenë e bukur shumë, por nuk më donte. nuk më donte fare mua… donte djalin e vajzën, por jo mua. mua fare-fare nuk më qaste; por ishte grua e mirë dhe fëmijët i donte shumë. i ushqente e i lante me rregull; përditë. askush nuk i lante fëmijët përditë, gruaja ime po. vajza ime… të thashë që e kam vajzën shumë të bukur?

sytë i ndrinin tek fliste pa pushim dhe po e shijonte.

— kurse djali… ku ta di! nuk më viziton fare. jo se nuk do, por nuk di ku të më gjejë. unë nuk kam shtëpi. vetëm djali ka shtëpi. as vajza nuk ka shtëpi. vajza fle lart në papafingo te konvikti i vajzave, atje tek shkolla katolike. të thashë që është mësuese? vajza ime është mësuese.

— qetësohu zotni! ja kemi kohë të dy... fol avash-avash... të dëgjoj sa të kesh dëshirë... mos u nxito! a do të ta sjell një kafe? unë do të shkoj të marr një për vete. po deshe ta marr edhe ty një. po?

— jo! por ti ik, unë të pres këtu.

u ngrita e desha të largohesha fare. burri e ndjeu si duket e m'u vu mbrapa...

— vajza ime është shumë e bukur... i ka sytë e mëdhenj e të zinj. duket si Adele, të thashë? kurse djali është me policinë. ai nuk më sheh kurrë. as unë nuk shkoj tek ai. zëri filloi t'i dridhej. u ndala dhe e pashë me vëmendje në fytyrë.

— çfarë halli ke? si mund të të ndihmoj? fol!

— po ja... vajza ime që punon te shkolla e murgeshave dhe fle në papafingo... kurse djali është me policinë... — filloi të ngadalësonte të folurën dhe shpejtësinë e hapave. unë vazhdova me ritmin e mëparshëm. duke u larguar, më vinin duke u dobësuar fjalët e tij.

— vajza ime... a të kam folur për vajzën time? a të kam thënë që është e bukur me flokët e zinj e sytë e mëdhenj? djali ka qenë në karrocë dhe u rrëzua. nuk hanin shumë. e diela ishte për gruan time dhe t'i them të gjitha, nuk jam vonë, do të vij prapë... shtëpinë ma morën ma morën për fare... gruaja ime, të kam thënë? ishte ajo, nuk ishte mësuese, por djali nga ajo...

mbas pak, zëri i tij u shua. nuk dëgjoja më as hapat të më ndiqnin... vranësira... kafeja më ishte ftohur në dorë. dita m'u duk e gjatë. edhe pushimin nuk e desha aq të gjatë. tek hidhja hapat ngadalë për nga zyra, më dilte para sysh një vajzë e bukur si Adele e një polic me fytyrën e thatë, të ftohtë... vetëm para se të mbërrija te ndërtesa ku punoja, për një moment, mendova se djali polic e vajza mësuese... burri dukej i turbulluar. sytë e tij nuk flisnin qartë. shpesh, sytë flasin më shumë se vetë ne. kurse në sytë e tij të turbullt, e kaluara ishte krejt mister.

Xenia

prisja për plot katër orë të gjata duke ngrirë nga të ftohtët e asaj dite të vranët e të lagësht marsi. shiu i marrë i një nate më parë, kishte lënë pas një ditë plot re të errëta dhe ngricën ajrit. Apollonasi, është një katund i vogël peshkatarësh në ishullin Naksos, bri deti, në një shpat të butë shkëmbor të Egjeut, me shkurre aty-këtu e asgjë tjetër veç shkëmbinjve të kuqërremë me të verdhë përzier dhe ca bimëve shatorre plot gjemba. anijet e vjetra prej druri të kalbur e ca të tjera prej metali, boja e të cilave ishte ngrënë nga ndryshku, ma bënin pritjen akoma më me ankth. më dukej sikur prisja në kohë të shkuara, në kohë të vdekura. diku më larg ishte një kafene-restorant fshati, që nuk ofronte gjë të hajrit, porse më joshte me ngrohtësinë që përmbledh ndër vete një ambient i mbyllur në ditë të ftohta me shi. e kishim lënë të shiheshim mu tek moli i vjetër, pranë një fari po aq të vjetër të arkitekturës otomane, ndaj kisha drojën se, po të largohesha deri tek kafene-restoranti i fshatit, nuk do të shiheshim. vendi dukej i shkretë atë ditë.

çdo dy-tre minuta shihja orën. nuk ecte fare, ndaj edhe mallkoja ditën e vranët të mbarsur me lagështirë e të ftohtë. një rojtar (nga dukja), herë mbas here kalonte pranë meje dhe buzëqeshte miqësisht pa folur fare, sikur ta dinte që isha jabanxhi e nuk e flisja gjuhën e tij.

më kishin mbaruar cigaret e mezi prisja të kalonte prapë ai rojtari me rroba lëkure të vjetra e t'i lypja një cigare. ec e pêja disa herë nëpër molin e moçëm, për të mposhtur sadopak të ftohtët që po depërtonte brenda trupit tim, duke më krijuar kësisoj një gjendje të pakënaqshme ankthi.

e kisha harruar punën e duhanit, kur pashë të vinte rojtari plak me rroba lëkure të vjetra e mustaqe të varura poshtë, duke tërhequr zvarrë hapat e lodhur e duke u mbështetur mbi një shkop me dredha. e prita të më buzëqeshte si herët e tjera, pastaj t'i lypja cigaren. kaloi pranë meje, por nuk më buzëqeshi. sikur të mos isha aty kaloi, vetëm dy metra larg, pa m'i hedhur sytë. nuk i bëzajta.

këndoja me vete një kangë të hershme të qytetit tim për të harruar kohën që s'kalonte fare dhe vendosa të ecja deri tek kafene-restoranti atje tej, për të mbytur kohën dhe të merrja diçka sa për të lagur gurmazin. u futa brenda dhe aroma e peshkut më theri hundën e më ngacmoi gjëndrat e nëngjuhës. do të haja a do të vdisja.

— më jep një peshk e një sallatë jeshile! — i thashë një burri që ishte kamerier, banakier dhe mikpritës njëkohësisht. pohoi me krye dhe nuk vonoi e erdhi nga mbas murit që ndante me kuzhinën një ambient të vogël me ca karrige të vjetra druri me vernik të sfilitur e ca tavolina prej druri të papërpunuar, mbërthyer me gozhda të trasha trarësh. dyshemeja ishte prej guri të latuar me kujdes dhe e ndritshme nga fërkimi me këmbët e myshterinjve.

pasi solli peshkun me sallatë, vajti te banaku e mori dy gota me një lëng të bardhë, mbi të cilin lundronte një kub akulli. *"Ouzo Metaxa"*, tha, e u ul pranë meje pa më kërkuar leje, sikur të ishim miq të vjetër. njërën e shtyu nga unë e tjetrës ia uli nivelin përgjysmë me një hurf.

nuk ishte kush veç nesh në lokal. matanë murit dëgjoheshin zërat e një gruaje dhe një burri dhe zhurma e pjatave dhe kusive. hëngra si i babëzitur shpejt e shpejt dhe i lashë paratë mbi tavolinë nën gotë tek dola me rrëmbim nga dera.

vrapova tashmë i ngrohur e i ngopur drejt molit me nxitim. "oh, harrova të blej cigaret!" u ktheva përsëri nga kafeneja, por një zë më thirri nga pas. ndala shtang për pak. Xenia po i hidhte hapat shpejt drejt meje. kur u afrua, pashë fytyrën e saj plot shend e sytë tërë shkëlqim, ndaj nuk lojta fare, hapa krahët dhe përtheva pak gjunjët, sikur bëjmë kur duam të mbërthejmë një fëmijë të vogël nga nënsqetullat e ta ngrejmë lart-hopa! rojtari plak me rroba lëkure të vjetra e me shkopin me dredha në dorë, murmuriste një këngë greqisht.

— i këndon dashurisë! — tha Xenia duke qeshur e duke më zënë për dore.

Katrina

dje, në zheg të ditës, nuk shkova për të pushuar në hotel si bëj gati përditë. dremita një çikë i shtrirë mbi një peshqir të madh poshtë çadrës së plazhit. m'u soll nëpër mendje, gjysmë e zgjuar e gjysmë e fjetur, një vajzë e vogël nga Bregu i Matës. Katrina e quanin.

Katrina ishte fëmijë kur ra në dashuri me mua. jo më shumë se dhjetë vjeçe. unë vetë isha diçka më i rritur se ajo, ndoshta njëmbëdhjetë a pak kaluar njëmbëdhjetës. ishim në plazhin e Shëngjinit, në Lezhë. kabinat i kishim krejt pranë, vetëm dy a tri ndërmjet. krejt ai rresht, kishte fëmijë kabinë për kabinë. e shumta nga Shkodra e Tirana.

Katrina ishte moshatare me motrën time të vogël, Agimen. unë atëbotë, nuk shkoja në kabinë gjatë zhegut. shtrihesha nën hijen e çadrës dhe lexoja, ose flija. Katrina ishte e veshur keq, si duket ishin të varfër përtej së zakonshmes. e ëma nuk zhvishej në plazh, por dilte me ca si benevrekë të bardha pëlhure e me një fanellë jeshile. asnjë nga fëmijët e rreshtit tonë të kabinave nuk e qaste Katrinën. ata bile e përqeshnin dhe e përbuznin. kjo bënte që, unë e motrat e mia, ta mbanim afër; gjë që binte drejtpërdrejt në kategorinë për të cilën nëna e babai na kishin përgatitur që herët: "kurrë mos e përbuzni të përbuzurin e mos e lëndoni të varfrin!"

sidomeqenë, unë nuk e mbaja dhe aq pranë Katrinën, duke u mjaftuar me përkujdesjen që, motra ime, Agimja, i ofronte asaj me kënaqësi; por Katrina nuk ngopej me aq. ajo donte shok. e i vetmi përreth isha unë. vinte vjedhurazi në zheg e shtrihej pranë meje nën çadër dhe, kur më gjente në gjumë, pyeste me drojë: "a të ulem pranë teje? të bezdis?" unë nuk bezdisesha e vetëm buzëqeshja duke e parë në sy. ajo, bum, kërcente mbi rërë, pranë meje.

kaluan ca ditë e Katrina sa vinte e më afrohej më shumë. vinte mbas meje kur shkoja herët në mëngjes për qumësht, mbas meje tek radha e vajgurit; me mua në radhë për djathë e po me mua në rërë, në det e kudo...

një ditë, pak para se të mbaronte periudha e pushimeve, m'u afrua tek po shkonim nga porti. aty shkonim vetëm për të blerë peshk. rruga nga kabinat deri te porti, mbante nja dyzet a pesëdhjetë minuta të mira më këmbë. m'u ngjesh e më pa në sy pak me ndrojtje e pak me dëshirë.

– hë Katrinë! çka ke?

ajo më vështroi me kujdes dhe sytë e mëdhenj gri i ndritën teksa dalloi se, në zërin tim, nuk kishte shenja nervozizmi a mërzie.

– a të ta fus krahun?

– pse? – e pyeta duke buzëqeshur.

– kot, – tha ajo, – si të rriturit, – e më nguli sytë e trembur nga reagimi im i mundshëm.

– mirë, – i thashë dhe mora pozën e një të rrituri. ngrita gushën lart e shikimin drejt, larg, përpara. ndjeva që ajo më futi krahun e më tërhoqi ndaj vetes. unë me zor e mbaja gazin. fillova të dridhesha e ajo ia plasi para meje. qeshëm të dy me lot, duke mbajtur njëri-tjetrin prej gishtash e duke lëshuar trupat para, si të donim të rrëshqisnim mbi akull.

nuk më zuri nga krahu më, por filloi të fliste pareshtur. më pyeste për Shkodrën e për Tiranën. unë vetë nuk e kisha parë Tiranën më shumë se dy herë, por asaj ia përshkrova me detaje.

– a do të më presësh nëse vij në Shkodër?

unë ndihesha mirë nga kjo gjendje e krijuar mes meje e Katrinës. më dukej vetja i rritur, ndonëse e dija dhe e ndieja që nuk isha. nga ana tjetër, Katrina ishte fëmijë plot pasion e sy tërë jetë, por e dobët dhe e tharë nga ushqimi i mangët... e megjithatë, dukej e lumtur që më kishte. të dy ndiheshim mirë.

dy ditë mbrapa do të ndaheshim. Katrina më ftoi të shiheshim në zheg te dyqani i frutave. u takuam. ajo ishte e përmalluar. sytë plot shkëlqim mbartnin lagështirën e lotëve dhe, buzëqeshja e saj me dhëmbët e bardhë, e bënte të më dukej si artiste filmash. flokët e verdhë, të djegur majash dhe të shumtën të pakrehur, i jepnin bukuri të egër. më pëlqente ashtu.

nuk fliste, vetëm më shihte e mezi i mbante lotët. e përqafova dhe i fola si i rritur.

– ndoshta më vonë Katrinë, tani ne jemi fëmijë. – por e përqafova ama. e tërhoqa pranë dhe e shtrëngova në gjoks. Katrina ishte një krye më e shkurtër se unë, ndonëse nuk kishim shumë ndërmjet. kjo më bënte të ndihesha mirë, nën kontroll. nuk e pata të vështirë ta mblidhja veten. ia rroka dorën në timen dhe u nisëm nga plazhi.

– qesh! – i thashë. vetëm e shihja në sy dhe pyesja veten: "a është kështu dashuria?"

Katrina eci tërë kohës me kokën poshtë. ditën që u nisëm për në shtëpitë tona, Katrina më rroku fort. mbështeti faqen e saj në gjoksin tim e më tha se më donte shumë. kur kamioni që i mori ata dhe plaçkat e tyre u nis, në sytë e saj pashë t'i rridhnin lot. edhe unë u laga sysh dhe vazhdova të tundja dorën lart, derisa kamioni, në karrocerinë e të cilit kishte hipur familja e Katrinës, u zhduk në horizont.

tek ktheheshim në Shkodër, Agimja gjeti kurajën të më ngacmonte: – a do të të marrë malli për Katrinën?

për çudi, nuk u revoltova nga ngacmimi i saj. përkundrazi, e pashë me qetësi dhe, me buzën në gaz, pohova.

mbasi e riktheva në jetë këtë kujtim të fëmijërisë, ndjeva mall. më ndenji ndër sy ajo fytyrë e rreshkur diellit, me flokët e verdhë të pakrehur e sytë gri. e shihja tek vraponte pas meje me një bidon vajguri në dorë...

violina

isha ulur në shkallët e shatërvanit në *Piccadilly Circus*, tek afrohet një burrë në të gjashtëdhjetat dhe ngadalë, lëshon një cohë përdhe, vë mbi të një kuti plastike, hedh brenda ca kacidhe, rregullon karrigen portative dhe hap kutinë e violinës. ndez një cigare dhe ashtu, këmbë mbi këmbë, e thith tërë dëshirë e qetësi. një fllad i lehtë ia tund lehtë flokët e gjatë të thinjur.

dy a tre djem e vajza kaluan pranë dhe lëshuan do kacidhe në kuti. burri i pa me sytë jeshilë të qetë, pa shprehje; veç tundi kryet në shenjë mirënjohjeje. filloi të luante me telat e violinës, si një fëmijë që e prek instrumentin për herë të parë... tërë ndrojtje. violina ishte e vjetër, e përdorur gjatë. anash kishte humbur vernikun e, poshtë telave, ishte sikur ta kishin gjuajtur me miell a zbokth. me bulëzat e gishtave të tij të trashë, ai u shkonte telave herë në gjatësi ku lëshonin një tingull çjerrës të lehtë, e herë përkundër, si të ishte kitarë, ku lëshoheshin tinguj të përzier, si anët e pambyllura mirë të kanatave të dritares një natë thëllimi me borë në dimër.

e lëmoi para e mbrapa violinën, pastaj e vuri mbi kutinë e saj. isha vetëm pothuaj dy metra larg e nuk po duroja derisa të fillonte të luante. nxori edhe një cigare tjetër. shihte këtej e andej tek thithte cigaren ngadalë e thellë; plot shijim. nxora edhe unë një. e dalloi që po e shihja me interes.

— të pëlqen violina?

— po.

— di të luash?

— jo. kitarën e ngas nga pak, — vura buzën gaz. — violinën më pëlqen ta dëgjoj. do të luash pasi ta pish cigaren?

u ngrit nga karrigia dhe erdhi drejt meje.

— ja po rri pranë teje, — foli dhe u ul në të djathtën time. u ngrita dhe i dola nga ana tjetër. më pa me sy kureshtarë.

— nuk ndihem mirë me njeri në të djathtë, — i thashë. ai buzëqeshi, sikur ta kishte kuptuar humorin tim. nuk i fola. nuk i lashë të kuptonte më tej se e kisha fobi të dikë në të djathtën time.

— do ta ndezësh një nga unë? — zgjati paketën e tij me pak cigare brenda.

— jo, — i thashë. — nuk e ndërroj duhanin. kurrë!

— ma jep ti një mua pra! edhe katër a pesë më kanë ngelur në paketë, e Zoti e di kur do të lëviz nga këtu.

një grua e shkurtër e imët me fustan gri me lule të bardha e flokët e gjatë të thinjur lidhur gërsheta lëshuar gjoksit, na hodhi një vështrim miqësor. u ul në karrigen pranë violinës. e mori atë në duar. e fërkoi shpejt tri a katër herë para, mbrapa. u rehatua në karrige dhe ngriti kokën lart. vendosi violinën mbi sup e zuri të luante. burri që kisha në krah, më ra lehtë gjurit dhe tundi kryet në shenjë pohimi.

— është shumë e zonja.

— gruaja? — e pyeta i bindur që do të thoshte "po".

— jo. banon në pallatin ku banoj edhe unë.

ndërkohë ai vazhdonte të më fliste për violinisten, e cila po luante me gishtat e saj të thatë e të shkathët një muzikë të panjohur për mua, por nuk po e ndiqja. sytë e saj ishin herë të mbyllur dykapakësh, herë tretur në qiell.

...gjithë pasditen më mbet' në sy fytyra e burrit dhe violinistes. personazhe të çuditshëm. sa do të kisha dashur të isha piktor, t'i hidhja në telajo portretet e të dyve.

libraria "Bulent efendi"

është diku në një qoshe të Stambollit, një dyqan librash të
përdorur. ka vite që nuk kam qenë aty. para do vitesh, para
njëzet e gjashtë vitesh më saktë, aty shiste librat një burrë me
bijën e tij. burri quhej Bulent, e bija Irmak. në qoshe të
librarisë, ishin veç dy tavolina me nga katër karrige ku uleshin
klientë mbasi porositnin çaj a diçka tjetër të lehtë. merrnin
ndonjë libër nga rafti dhe lexonin. mbasi lodheshin së lexuari
apo së ndenjuri gjatë mbi karriget prej druri, secili largohej në
heshtje. ashtu bëja edhe unë sa herë kisha kohë të lirë. Bulenti
nuk fliste gjuhë të huaja, kurse Irmaku po. ajo fliste tri a katër
të këtilla. për këtë arsye, klientët e huaj flisnin me të bijën. ajo
ishte e sjellshme dhe punëtore e qitur.

një ditë, pranë meje ulet një burrë rreth të tridhjetave a diçka
më i ri. porositi një çaj dhe ngacmoi Irmakun. shikimi i tij qe
i neveritshëm, siç ishte edhe buzëqeshja. e rrufiti çajin vrik,
thirri vajzën, dhe porositi një tjetër. ndërkohë, nuk ia ndante
asaj atë shikimin prej pushti. ajo skuqej në fytyrë.

kur solli çajin e dytë, djali e falënderoi dhe e ftoi të ulej me të,
duke e zënë lehtë prej kyçit të dorës. ajo tërhoqi dorën dhe

me lutje i kërkoi djalit ta lëshonte. ai e tërhoqi pak nga vetja dhe i tha ta pinin bashkë të dy çajin. ngriti një hurf e mandej ia zgjati asaj te goja: "pije Irmak!"

vajza, tash, qe ndezur krejt në fytyrë. njëherë më kaloi ndër mend të ndërhyja duke e parë Irmakun në siklet, por nuk e bëra; veç thirra:

– Bulent efendi, Bulent efendi! a do ta pimë bashkë një çaj? – dhe ngrita e tunda lart bardhakun e çajit. Bulent efendiu nuk kuptonte çfarë i thoja, veç tundi dorën në ajër e buzëqeshi.

djali hovi më këmbë e zuri të ecte drejt daljes. unë i buzëqesha Irmakut. ajo u ngrit, ashtu e turpëruar siç ndihej. vetëm pëshpëriti një *"çok teşekkür ederim abi"* dhe kaloi mbas shpinës sime. një e goditur mbas koke ma errësoi krejt pamjen dhe u shemba përdhe.

...

pranë ishte një ambulancë e lagjes. kishin ardhur me shpejtësi kur i kish' thirrur Bulent efendiu. kur u përmenda, mendova se isha në vendin tim. kisha folur me mjekët një gjuhë që as Bulenti, as Irmaku nuk e dinin.

*

* *

Irmakun e kujtoj shpesh. sytë e mëdhenj e të errët në fytyrën e saj të zeshkët, ishin diçka e rrallë. ajo buzëqeshje e lehtë dhe flokët e shkurtër...

kur e vizitova më vonë Stambollin, shkova te dyqani i Bulent efendiut. vajza më tha se ishte martuar dhe tani punonte me të shoqin. ishte një djalë i pashëm dhe ngjasonte shumë me Irmakun. kur hodhi sytë nga unë, më përshëndeti me buzëqeshje të zbehtë.

— babai ka vdekur, tha ajo. nuk të harroi kurrë dhe, sa herë që tregonte ngjarjen, i mbusheshin sytë me lot. nuk po të ftoj për çaj *abi*, foli ajo me zërin e mekur. mendoj se agjëron.

herët e tjera kur kam vizituar Stambollin, nuk jam ndalur më tek libraria e Bulent efendiut. buzëqeshja e burrit të vajzës së efendiut ishte e vdekur, e verdhë dhe sytë e Irmakut nuk ndrinin më si dikur. nuk e di ç'më mbante të mos shkoja. një ndjenjë frike e pashpjegueshme.

burri me sy pa jetë

autobusi do të ndalonte në stacionin e radhës pas pesë minutash.

– më fal, – i fola udhëtarit bri meje, sapo filloi të më tregonte një histori interesante, – do të ndalojmë pas disa minutash dhe do të dal jashtë për t'u shtriqur pak, se u ngurtësova plot katër orë ulur.

– mirë, – tha ai, duke luajtur lehtë kryet e duke buzëqeshur. – do të dal edhe unë, të blej ndonjë petull të mbush barkun.

– nëse nuk ke durim, më thuaj o njeri i mirë, – foli burri kur u kthyem tek ndenjëset tona, – se me siguri do ta pëlqesh historinë që do të të tregoj.

pa pritur që unë të thoja diçka, ia filloi:

– isha i ri. në të vërtetë, i vogël, fëmijë. i kisha a s'i kisha dymbëdhjetë. ishte e shtunë. atë paradite s'pata luajtur nga shtëpia fare. më vinte gjumë dhe kisha neveri. më vinte të villja pa ndalim. nëna kishte futur një byrek në furrë për ta pjekur.

ra zilja e orës së dhomës mbi oxhak. nëna thirri me të madhe nga dhoma e gjumit: "fike furrën dhe lëre derën hapur, se erdha!"

u zgjova mbasi nëna kishte ngrënë hisenë e vet. "ngrihu, luaj vendit!" foli ajo me të butë. "ja ta ngroh nëna një çikë byrekun, kishe uri apo jo?"

nuk fola fare. u ngrita si me përtesë. gojën e kisha të thartë e plot shkumë. e shpëlava me ujë të vakët, por pa dobi. ajo dreq shije thartire e shkuma, më bënin të villja. nëna u ul në karrigen ballë meje e më sodiste me sytë e saj të fjetur, të lëngët: "ha, mbushe plëndësin!" pasi përtypa ngadalë duke mbllaçitur nga neveria dy-tri kafshatat e para, diçka e sertë m'u ngatërrua nëpër dhëmbë. "ha, ha, mos bëj si çikë e vogël!" urdhëroi ajo duke më rënë lehtë supit dhe u ngrit e mori udhë nga dhoma e gjumit... ajo copë mishi që më ngeli nëpër dhëmbë, ishte vesh njeriu.

këtu, rrëfimtari ndaloi frymën e më pa në sy. unë vetëm buzëqesha lehtë në fillim, por kur ai zgurdulloi sytë e pajetë por zhbirues, buzëqesha pak më shumë.

− nuk është lojë! − thirri ai, − ishte vërtetë vesh njeriu. dhe unë e hëngra. e hëngra krejt veshin. kisha frikë së më shihte nëna e një Zot e di sa këmbëngulëse ishte ajo kur vinte puna për ta fshirë pjatën me ushqim.

mori frymë thellë dhe filloi rishtas:

− e provova ta grija me dhëmbë, por jo. nuk ia dola. mbylla sytë dhe e kollofita njëcopësh. renda jashtë dhomës për në oborr dhe e mbajta frymën pranë shkollës, e cila ishte nja tri

114

a katër kilometra nga shtëpia jonë. u vërtita për ca kohë, pa ndeshur në ndonjë të njohur.

të gjithë kishin ngrënë e pirë kur u ktheva në shtëpi, por po rrinin akoma rreth tryezës duke vërtitur ngadalë-ngadalë me dorë gotat e verës. asnjëri s'm'i hodhi sytë. u vodha ngadalë në drejtim të banjës. hapa ujin e nxehtë dhe ndeza radion me muzikë të ulët. më vinte për të vjellë. dhe volla. volla shumë, por veshi që pata kollofitur, nuk doli. "natën e mirë!" iu drejtova të gjithëve. ndoshta ndonjëri ngriti dorën, të tjerët nuk më kushtuan vëmendje.

kisha përpara një natë të gjatë, të frikshme. po mendoja pse nëna nuk m'i hodhi sytë kur hyra apo edhe kur i përshëndeta. të tjerët nuk i doja, as më donin. me ata kisha gjysmë lidhje. njëri ishte burri i nënës, dy të tjerët fëmijët e tij. pata frikë se s'do të më kapte gjumi, por pa menduar dy herë, kisha rënë si i vdekur.

kur u zgjova, ishte ende natë. pashë orën mbi komodinë, s'kisha fjetur as dhjetë minuta. një zë vinte nga fundi i barkut. në fillim nuk e kuptoja çfarë thoshte. më pas gjithçka u qartësua. ishte zëri i nënës dhe i të tjerëve ende në tavolinën e darkës. gjithçka vinte te unë përmes veshit që pata ngrënë në drekë. po flisnin për mua. po talleshin me mua. nëna një herë provoi t'u vinte fre, por më kot. jo vetëm që ata nuk ia vunë veshin, por kjo, nëna pra, zuri t'u shkonte për avaz. qeshte edhe ajo kur ata talleshin me mua. nuk ua vura veshin me kujdes çfarë thoshin, sepse më kaploi një frikë e marrë. kisha drojën se, veshi që sillte fjalët e tyre tek unë, mund t'ua shpinte edhe fjalët e mia atyre. po mendimet? fillova të dridhesha. poshtë zverkut isha lagur nga djersa që po më rridhte çurg.

"nënë, eja pak të lutem! jam keq, po vjell si lumë..." asgjë. as nëna e asnjeri tjetër nuk luajtën nga tavolina ku po talleshin me mua.

a do të dija të mësohesha me veshin? a do të mësoja ta përdorja atë? apo ai, pra veshi, do të më përdorte mua si të deshte vetë? ja, nëna nuk më dëgjoi kur i fola se po villja, por a do të ishte përherë kështu? apo herë nuk do të dëgjonte, herë po? po i shoqi? a do të ishte veshi vetëm mjet dëgjimi për mua? pra a do të kisha tre veshë tani e tutje, apo do të ishte edhe mjet komunikimi? a do të mund të flisja me veshin? t'i thoja kur të hynte në lojë e kur të heshtte, kur t'i sillte fjalët e zhurmat e të tjerëve e kur jo. o Zot! më ra ndër mend: po sikur veshi të ishte amoral apo injorant e të më sillte sinjale të padëshiruara? bie fjala, po sikur të më sikletoste kur nëna e burri i saj të shkonin në shtrat? oh jo! jo, o Zot jo!

ajo natë qe e gjatë. sa njëmijë net bashkë. miliona pyetje mbetën pa përgjigje. e gjithë bota vërtitej rreth një djali pa babë e një veshi në barkun e tij. vetëm pyetjen kush e kishte hedhur atë vesh në için e byrekut nuk e bëra. kurrë. kushdo që do ta kishte bërë ama, do ta paguante shtrenjtë. tash s'isha më i vetëm.

ushtari

...ishte veteran. pati luftuar në Afganistan e Irak. kishte edhe medaljen e trimërisë. qeshte kur sillej fjala aty.

— nuk e di pse ma dhanë! as jam trim, as kam bërë ndonjë trimëri nga frika. gjatë një bombardimi, u plagosa në gju e u bëra sakat. kaq.

pi birra. pi birra pa ndalur. çdo pasdite del te shkallët e ndërtesës nga ana e hyrjes së veturave. rri ulur aty me orë. ka pranë përherë një libër të vjetër, por s'shihet ndonjëherë duke lexuar. sikur ta ketë të trashëguar bibliotekën nga gjyshi a ati i gjyshit. librave u vjen erë duhan. kur pi birrë, flet. flet pa pushim. flet me patos për një grua që kish' pasë dhe e kish' braktisur kur ishte në ushtri.

— nuk jam primitiv. nuk jam primitiv unë. vërtet s'kam laptop a kompjuter, por kam televizor dhe radio.

merr frymë thellë dhe e çliron atë ngadalë sikur të kthente mbrapsht ritualin e të thithurit të cigares.

— kam libra plot, nuk jam primitiv fare. jam i abonuar në tri revista e shtatë gazeta. eja! eja të shkojmë lart!

*

* *

dera e hyrjes e lyer me të gjelbër të ndritshme, nuk të fton. ngjan gati-gati si bytha e xixëllonjës natën. korridori i ngushtë. një llambë e varur vetëm në dy tela dhe një portollambë. muret plot fotografi bardhezi e ca të zverdhura nga koha. ca ushtarake, ca fëmijërie, thotë. dhoma e ndenjjes lyer blu. bojë e plasaritur dhe e lyrosur në lartësinë e gjoksit të njeriut. nuk ka lidhje me gjoksin, sigurisht. ngjitur me dhomën e ndenjjes, një kuzhinë e vogël. pllakat dikur të bardha, janë mbuluar pothuaj krejt nga lyra e tiganit. dhjetëra lugë, pirunë, thika e garuzhda, hapëse shishesh, kuti metalike konservash peshku e mishi të hapura. siprina e stufës, plot insekte të mëdha dhe energjike. muret mbuluar me fotografi. disa faqe revistash porno, mbërthyer në korniza të lira me xham. do të tjera të ngjitura me mastiç a thumba me kokë të madhe. tavolina prej dërrase mes dy kanapeve të lyrosura, ishte mbarsur me paketa cigaresh të lira. një tas i madh alumini plot bythë cigaresh, qelbte me nge ambientin, edhe ashtu të fëlliqur.

— të shurrohet?

— jo.

— si të duash. ja tani pse të solla lart, — shtyn një derë ode të errët dhe bën shenjë për brenda. një shtrat i ngushtë plot zhele sipër; përballë një komodinë e lyer me bojë dhe televizori i vjetër ndezur sipër. ndoca tremijë gazeta e revista të stivuara me kujdes të tepruar nga dyshemeja deri pothuaj në tavan.

— këtu bënim dashuri me gruan, — bën me dorë nga një nevojtore në të cilën hyhet drejt nga oda. — eja!

duke u përdredhur si turjelë përmes turrave të gazetave, mbërrin tek banja. — vaska pra. e zezë, — buzëqesh dhe drejton gishtin nga lugu i qelbur plot qime dhe dy-tre sfungjerë të palarë në fund.

— ja këtu! herë shtrihej ajo dhe më priste mua, herë shtrihesha unë e ajo kalëronte. tash, këtu nuk vjen më asnjë. as grua, as burrë. vetëm unë vij këtu, në shenjë kujtimi për gruan. e filloj në shtrat përkujtimoren dhe e përfundoj në vaskë, ja këtu, — bën shenjë nga vaska e pistë.

— nuk jam primitiv. të thashë. këtu ka gazeta që nga koha e babait. që nga, le të themi, viti 1950. lexo këto dhe e njeh botën me themel. ishin kohë të tjera ato. babai thoshte se lëronte daci arën. kishte bollëk. edhe vajzat ishin vajza. jo si sot...

*

*　*

apartamenti vinte era përç. duhani, urina derdhur për dysheme të banjës (dukeshin pika të verdha), bythët e cigareve, lyra disavjeçare, insektet mbi stufë... nuk po hamendësoj për minj... as po flas për pisllëkun në përkujtim të gruas që e kish' braktisur.

— pse nuk sheh për një femër tjetër?

— ç'ta dua? që të ikë edhe ajo? ja, kam këtë, — hap pëllëmbën e dorës.

t'ia jap tashi unë dorën këtij kur të ndahemi? jo! kurrë. kurrë jo. dorë me qelbësira përkujtimoresh.

— a do të hash gjëkafshë?

— oh jo, shumë faleminderit! (me mendje): "nuk dua të vdes a të marr infeksion".

— vetëm ty të kam mik këtu në pallat. vetëm ty.

— po. dhe jam shumë i lumtur që njihemi, vërtet.

— ti i martuar je?

— nuk e di. nuk e di në jam a jo. të duhen para? ja!

— jo, nuk më duhen.

— merri, merri! seriozisht.

— jo pra! (inatoset). — dil jashtë shkërdhatë! bythëpambuk! ik pirdhu! ti ma ke marrë gruan? me siguri ti. po. ti.

...

— ai shkërdhata me xhaketë gri ma ka marrë gruan! — thërret me të lartë nga ballkoni i katit të dytë. — priti legeni të shkoja ushtar e ma mori gruan. tani më vërdalloset nga shtëpia. i tregova ku bëheshim me gruan, i pa të tëra... me vaskë e me shtrat. ik tani legen e zhvishe! thuaji që e di vaskën ku ke bërë sevda me burrë. ti bythëpambuk nuk e ngop dot gruan time. nuk ke këllqe. jam ushtar i madhërisë së saj unë! kam tope. ti je piçkëllonjë. ja ç'je! nuk i merret gruaja komshiut o pusht! do të të vras.... kodosh kurvash ti!

këneta

më tregonte axha një herë:

"isha tepër i ri kur diçka po ndodhte në shtëpinë tonë. baba kishte sjellë në shtëpi një shok të tijin për të riparuar aty-këtu nëpër shtëpi. shtëpia jonë ishte e vjetër dhe kishte nevojë për shumë punë, por babai nuk donte t'i hynte thellë. 'të shtin miza e s'të nxjerr bualli', thoshte ai. shkurt, ishte si të gjitha shtëpitë e vjetra të qytetit.

ai shoku i babës e kishte emrin Shefqet. Qeti e thërrisnin. baba e ai, flisnin shpesh me zë të ulët me njëri-tjetrin. kur shihnin që po u kushtoja vëmendje, babai kthehej nga unë, më vinte dorën në sup e thoshte: 'Qeti është bukë e vjetër! e kam si vëlla... si vëlla e kam. në këmbë të Xhavidit.'

mbaroi Qeti ç'kish' për të bërë tek ne dhe iku. s'e pashë më për do kohë. Qeti ishte fshatar. më duket se diku nga fshatrat e Dibrës ishte, por jetonte në Vorë në një apartament sa një nevojtore, siç thoshte ai me të qeshur. kishte shkuar tek shtëpia e gruas, diku në periferi të qytetit si fillim, mandej nga aty, u kishin dhënë një garsonierë të dyve. ua kishte dhënë ndërmarrja e së shoqes. sa për Qetin, as kishin për t'i folur me gojë, lëre më t'i jepnin hyrje në Vorë, si ish-i burgosur politik që ishte. 'jam me biografi të keqe', thoshte ai, duke ngritur vetullën e majtë lart e duke shkelur syrin."

...

këto i mora vesh kur axha im, Xhavidi, doli nga burgu. axha kishte bërë "një hu burg", si i thonë fjalës. e kishin rrasur atje nga fundi i viteve pesëdhjetë për herë të parë dhe, pasi kishte qëndruar i lirë për disa vite, e kishin shtampuar edhe një herë tjetër në fillim të viteve shtatëdhjetë.

kur erdhi axha në shtëpi, i pari për të cilin pyeti, ishte Qeti.

− pse pyet për Qetin kaq shumë? e pyeta babën.

− është histori e vjetër, − më tha, e sikur nuk kishte qejf t'i bëja më pyetje. më vonë, mësova emrat e shumë të burgosurve nga tregimet e axhës. Qeti ishte më i dashuri ndër ta, mbasi i kishte shpëtuar jetën.

"ja, si pat' ndodhur", më tregonte axha: "ishte nëntor. sapo kishin lëvizur nga burgu i Burrelit, në një kamp pune në jug të vendit. atje na mbanin në baraka me dërrasa, pa dritare, pa ngrohje e pa drita brenda. vetëm në nevojtore kishte dritë dhe në oborr. komanda e kampit gjithashtu, kishte drita dhe një stufë të madhe me dru. e pata parë kur më dërguan ta fshija një herë. hëngra dru atë ditë, që thua ti. Jorgoja, kapteri i apelit, më dha një të goditur kur pa se po ngrohesha te stufa: 'këtu duhet të luash duart, zogist i derrit!', më tha dhe bum me qytën e karabinës ruse në gjoks. u shemba përdhe. isha shumë i dobët dhe i pangrënë. edhe sikur të ishim në kushte të njëjta atë moment, ai do ta fitonte davanë.

Jorgoja ishte i urryeri i të gjithëve. nga fshatrat e Delvinës, ai ishte inkuadruar menjëherë mbas mbarimit të luftës me sigurimin. kishte vrarë e prerë një qerre me burra, siç thoshte ai vetë, kur tregonte se si kishte luftuar kundër bandave në veri të vendit…

ajo ditë tek stufa, nuk ishte e vetmja që Jorgo më pati goditur. në të vërtetë, e kishte bërë rrugë. qëkur më pat' parë një ditë Ramazani duke u falur fshehurazi mes shkurreve, nuk ma ndante hurin shpinës, sa herë kishte rast. më thërriste turk. 'Xhavid turku' ma vuri nofkën. me raste, unë i thërrisja 'Jorgo derri'. më kushtonte një të goditur a dy në shpinë, por s'duroja pa i thënë 'derr'.

shumë kohë qëndruam në atë kamp të tmerrshëm. këneta duhej tharë patjetër e të burgosurit duhej të linin kockat aty. kështu thoshte Jorgo derri. në të vërtetë, shumë i lanë kockat në kënetë. të pangrënë, pa veshur si duhej, dimër e verë duke punuar nga pesëmbëdhjetë-gjashtëmbëdhjetë orë në ditë. disa vdisnin nga sëmundjet e disa flitej se i mbysnin në baltërat e kënetës kur u shternin fuqitë e s'punonin më dot. një ditë, kishim ngelur vetëm unë e Jorgoja."

tundi kokën, shfreu pak e pastaj e zuri fillin prapë: "më fyeu rëndë derri atë ditë", vazhdoi axha e iu mbushën sytë me lot. "më shau nënën, fenë e gjithçka kisha të shtrenjtë pas shpirtit. e godita sa më hëngri krahu me kovën plot baltë, mu në kokë. gjaku zu t'i rridhte çurg. unë ia mbatha pas shokëve që kishin kaluar në drejtim të kampit. dëgjova zhurmën e shulit të karabinës së Jorgos. thashë me vete: 'ky paskësh qenë fundi im'. vrapova me sa fuqi pata, pa e kthyer kokën mbrapa. i zura shokët që po ecnin duke zvarritur këmbët e ngathëta nga lodhja. kërkova me sy Qetin. nuk e pashë. shih e shih e prapë asgjë. dreq o punë! doja t'i lija ndonjë amanet për familjen. jo se kisha diçka me rëndësi, por thjesht një fjalë të fundit. të paktën t'u tregonte se nuk vdiqa i ligështuar, por në këmbë, si burrë. nuk vdiqa pa ia tundur kokën Jorgo thiut.

...

pak pa mbërritur te kampi, e shoh Qetin të mbuluar në djersë e të zverdhur në fytyrë. më bëri me shenjë të mos i afrohesha. iu binda. më pas ra çanga e kampit. na rreshtuan për apel. pyesnin për kapter Jorgon. më vonë u hap fjala se ishte gjetur i vdekur buzë kënetës me kazmën ngulur mbas koke."

axhë Xhavidit iu dridh mjekra tek mbaroi së treguari. sytë iu përlotën. më vuri dorën supit e më tha me zërin e mpakur: "babën tënd e kam vëlla gjaku... Qetin, vëlla në shpirt".

petullat n'ujë

më bjen ndër mend si njitash, n'vogli kur shkoja me gjyshin
në breg t'Bunës me zanë peshk e mandej kadalë-kadalë,
merrnim rrugën për në Shirokë. gjyshi bante sikur shkonim
për hatrin tim, por unë e vëreja se ai ma shumë, shkonte me
takue nji mikun e tij të vjetër, Tomën.

Toma ishte plak, a ndoshta plak më dukej mue, ngase isha
fëmijë. Toma e kishte shtëpinë në mes të Shirokës; sa kalojshe
nji klub n'qoshe të rrugës së vetme e merrshe rrugën përpjetë
për kah kampi i fmijëve, dikur vila e Mbretit Zog. gjyshi e
gjuante penxheren e shtëpisë me guralec: "erdha me vrep",
ndihej zani i Tomës.

Toma kishte za të pakët. përherë me nji xhaketë bojkafe,
dimën-verë e n'krye nji kasketë doku. gjyslykët me skelet të
trashë të zi, i jepnin atij pamje prej intelektuali. fliste ngadalë
e me buzën në gaz krejt kohës. e donte fort gjyshin, e vëreja
se i ndrinin sytë kur takoheshin. mos të ishte për gurabijat pesë

lekëshe që më blinte, nuk do e kisha kujtue me kaq hollësi Tomën...

mandej zbrisnim të tre drejt bregut të liqenit. Toma e gjyshi mblidhnin do gur petashuqa e m'i jipnin mue me gjuejt petulla n'uj.

"kur ta çojsh në dhjetë petulla me 'i gurë, ke i gurabi tjetër", më thoshin.

më binte krahu n'tokë tue dasht me mbërri dhetën.

"oh, po për Zoten!" thërriste Toma e qeshte me za. "fiks dhetë. qè artist!" ma zgjaste nji pesë lekësh tjetër për gurabinë e premtueme, ani se edhe ai edhe unë e dinim se as gjashtë petulla nuk i kisha ba.

më bante përshtypje pse gjyshi e Toma, përherë flisnin me za të ulët. isha kureshtar me i ndigju, por me petulla uji, e gurabija klubi, më mbanin gjithmonë larg. vetëm pak vite mâ vonë, kur Toma pat vdekë në sanatorium nga tuberkulozi, e pata kuptue se Toma kishte qênë prift. e ndigjova gjyshin kur i tha nji burri thatuk që erdhi tek na me marr vesht si qé puna. "nesër mbrama", i tha gjyshi lehtë, "dom Lorenci ka me çu meshë për Tomën diku në shtëpinë e nji miku të tyre në Shkodër."

gjyshi me Tomën kishin pas jetue për vite me radhë në nji odë burgu dhe e kishin nda kafshatën e bukës me njêni-tjetrin. më pat marrë edhe mue me vedi gjyshi kur shkuam në vorrimin e Tomës. ata i kishin vorret e tyne në mal, atje mbi liqê. vorret e tyre më patën shti frikën. ishin n'do qiparisa të naltë e kumritë zinin vend ndër ta. nuk kishte shumë njerëz në vorrimin e tij.

kah u kthyem në shtëpi, gjyshi heshti e unë nuk bzana hiç. ma mori mendja që po përcillte ndër mend të kaluemen me mikun e tij. vetëm kur mbërritëm në Tophane, mori frym thellë e tha duke me fërkue qafën e duke iu dridhun gusha: "e kam pasë si vlla!" lotët që i rrodhën për faqe, nuk i fshiu. vetëm mblodhi vetullat e shikimin treti diku larg.

prej aty e deri tek shtëpija, gjyshi nuk çeli mâ gojë. atbotë e mbrapa, kurrë nuk më pat marrë mâ për shetitje kah liqeni.

*

* *

kur shkoj në Shirokë, përherë më kujtohen ata dy burra të mirë. herë kthej kryet poshtë kah bregu i liqenit ku uleshin mbi gurë e pëshpërisnin lehtë-lehtë e herë kthej kryet kah qiparisat ndër vorre ku prehet Toma, mbi të cilat gugojnë pa pra kumritë.

pjesa e tretë

Lile

isha i përgjumur kur zbritëm në aeroportin e Tokios. hapa pak perden e dritares për të parë jashtë. binte shi. mbasi dolëm nga aeroplani, na hipën në një autobus për tek dalja. nuk kisha kontaktuar kënd para se të shkoja. dola në rrugë dhe i zgjata dorën një taksie. në më pak se një minutë, u bëra qull. mbas pak isha në hotel. pasi bëra dush me ujë të ngrohtë, zbrita në holl, ndonëse i rraskapitur. mora një çaj, dhe i hodha një sy gazetës *"The Tokyo Times"*

– edhe një çaj tjetër ju lutem, – i thashë kamerierit. – po pate një aspirinë do ta dija për nder.

më zienin kockat. një film bardhë e zi i viteve gjashtëdhjetë, po luante në televizor. nuk kisha fuqi as për të ndërruar kanalin. u plasa në shtrat e u këputa në gjumë pa mbyllur sytë mirë.

mëngjesi në hotelet e Tokios, nuk ka të krahasuar. porosita më tepër nga ç'hëngra. kisha uri. përherë kur udhëtoj ha shumë. shtoj një a dy kilogramë. shëtisja rrugëve plot njerëz të qytetit. vetëm Lile, mikja e ime e vjetër më bën shoqëri. e kam pasë njohur para dymbëdhjetë vitesh, kur shkova atje për herë të parë. ishte plot jetë e shpresa. kishte plot ëndrra e plane. tash, ajo nuk paskësh mbetur as hija e vetes. ishte strukur e mpakur. e imët ka qenë përherë, por tashti sikur ishte zvogëluar, zverdhur. i flas, më sheh në heshtje. pimë nga një filxhan çaj, por biseda nuk shkon. i propozoj një shëtitje me biçikletë, ajo e refuzon. dikur, shëtisnim Tokion me biçikleta e flinim vetëm tri a katër orë netëve. tash, pothuaj e zë gjumi duke të dëgjuar ty tek flet për një libër a film. interesi i saj qenkësh venitur e bashkë me të edhe bukuria, gjallëria. lëkura tharë e rrudhosur. sytë nuk i reflektojnë pasionin e dëshirën e dikurshme. them ta nguc pak. e prek lehtë në vithe e i afrohem.

— Lile! ke dëshirë? ta zëmë një dhomë në hotel?

e shoh në sy, i buzëqesh, ia hedh krahun mbi shpatulla e zë e ledhatoj ndër flokë. e ngacmoj pak duke e prekur tek veshi.

— Lile?! thuaj po!

ajo sheh si me përtesë dhe fytyra i zverdhet akoma më shumë e s'bëzan. e zë kolla. kollitet pa ndalim. sytë i zgurdullohen e hundët i rrjedhnin jashtë kontrolli. më kthen shpinën e largohet dy-tre hapa. përthyen gjunjët e kollitet e kollitet, duke lëshuar jargët përdhe. më ndien që i afrohem e më bën shenjë me pëllëmbë të ndaloj. dua t'i flas... çka t'i them?

kolla i qetësohet, fillon e ecën dhe më bën shenjë ta ndjek. mbas pak ndalon, merr frymë thellë dhe buzëqesh lehtë. pastron fytyrën me një leckë të lagur që e nxjerr nga çanta e më hedh dy krahët mbi supe, duke më parë në sy me dhimbje. në fytyrë i lexohet mundimi me të cilin po përballet për të thënë diçka.

— a dëshiron të zhvishem? të heq fustanin, sytienat, breçkat t'i flak tej, të mbyll sytë, të lëshohem e të jepem e tëra. të të shoh tek ndizesh?! por... po vdes!

sytë i lagen, e dy pika lot i shkojnë për faqe. ashtu e përlotur, më vështron drejt në sy me buzëqeshjen tashmë anemike.

— po vdes ngadalë... përditë nga një çikë. nuk më ka mbetur më, po shuhem. jam vetëm. e tmerruar... kam frikë!

ia kap duart, e afroj ndaj vetes dhe i flas lehtë në vesh.

— dua të të puth Lile, të të pushtoj!

ia rrëshqas duart në bel dhe e tërheq nga vetja. më shtyn lehtë e pëshpërit ca fjalë të pakuptimta. buzëqeshja e saj e verdhë... zë të qajë. unë vetëm e shtrëngoj i pashpresë, i pëshpëris në vesh fjalë të çrregullta, fjalë të turbullta. i them se do ta kujtoj përherë si në fillim, si mikja ime me kimono.

— jam e vetmuar, — përsërit, — po vdes nga frika. nuk e di çfarë është përtej. a e di ti? si është andej në botën tjetër? a ekziston ajo?

e shoh me dhimbje. në sy i lexoj dyshimin, frikën, vdekjen. sytë e pajetë, vërtiten në hapësirë. sikur numërojnë kohën mbrapsht. e vështroj pandalshëm. keqardhja ma gulçon frymën. ajo vetëm mban duart e mia dhe me një buzëqeshje të lehtë, sikur më falënderon. sikur lutet të më vdesë në dorë. sikur do dikë pranë në frymën e fundit. sëmundja dhe vetmia, e kanë mposhtur. ashtu të shtrënguar në krahët e njëri-tjerit, qëndrojmë për një kohë të gjatë. më puth lehtë në qafë. unë, me njërën dorë, i ledhatoj belin e me tjetrën, flokët. vallëzojmë heshtjen, duke i zvarritur hapat ngadalë mbi zall; herë mbas here, ndiej lotët e saj valë të më shkasin mbi gjoks.

*

* *

zë vend në aeroplan.

Lile. oh, sa pat qeshur kur i pata thënë një herë se, emrit të saj në gjuhën time, i thonë "zambak". plot hare e gjallëri m'u hodh në krahë.

– zambak? më pëlqen zambak. më duket më japonisht se Lile. kurrë nuk e mësova përse babai më ka pas' quajtur Lile!

si në mjegull... "pse nuk më pat' thënë asnjëherë 'të dua'?"

– ti je ndryshe, ti nuk kërkon, – më tha njëherë tek bridhnim të dy rrugëve të Tokios.

ndryshe nga kush? nga çfarë? çfarë mund t'i kisha kërkuar vallë? m'u ndrydh një lëmsh në grykë. ndoshta po jepte shpirt, mendova. ndoshta po përjetonte misterin, botën tjetër. nuk i premtova se do ta kujtoja me lule kur të shkoja herën tjetër. nuk e di a do të ketë herë tjetër. më duket se i thashë se do të mbaja një tufë zambakësh në vendin e punës, në një vazo me ujë. zambakë të bardhë...

njëmijë e një vite më vonë

ty të pëlqen ideja e një burri të vetmuar. ti thua se ai vetë e zgjedh vetminë, e pëlqen atë. në të vërtetë, vetmia e tij të pëlqen ty më shumë sesa atij. të bën ta shohësh atë si vetmitarin tënd dhe sheh veten si një kishëz fshehur diku në rrugicat e ngushta, gati mesjetare të një qyteti të vogël, por të zhurmshëm dhe plot vetmitarë. mes të gjithë të vetmuarve, ti zgjedh vetmitarin tënd. ai, burri vetmitar pra, vetëm atë kishë di. di dhe të tjera, por ajo e fshehta fare, domethënë ti, e tërheq më shumë. ndihet më i sigurt. ti e imagjinon burrin e vetmuar të dërrmuar nga e shkuara e tij (e panjohur për ty), tek rrëfehet tek ti: murge e dedikuar dhe besnike. ideja e stolit të rrëfimit në atë dhomën e errët ndarë me rrjetë të hollë e të zezë, nga njëra anë e së cilës burri vetmitar vë kryet mbi gjoksin tënd... i vetmi vend që e paqëton; avull e ngrohtësi. nga ana tjetër, ti; gruaja e rrallë që ndjell trurin e tij të shfrenuar. ideja e rrëfimit të burrit vetmitar tek ti, duke pëshpëritur si përçart fjalë të çuditshme, fjalë të ngrohta, të ledhaton. e mendon atë si fëmijë të uritur, të çorientuar, të cilin do ta paqëtosh, ndoshta t'i japësh gji. më shumë për të zhgufuar gjinjtë e tu, sesa të ngopësh rebelin e vetmuar. që në kohë të moçme pak a shumë kështu duhet të ketë qenë; një burrë i vetmuar ndesh diku pranë kroit të fshatit një grua të bukur. ai i etur, buzëçarë, ajo zemër e brishtë, shpirt i ëmbël. gruaja nuk e di as vetë pse i ngjitet udhëtarit të panjohur nga pas mbi kalë dhe zhduket rrugëve të shkreta për diku larg. as burri as gruaja nuk e njohin njëri-tjetrin, por nuk shkëmbejnë fjalë. ia mbajnë të kaluarën në terr sho-shoqit. ashtu mund të spekulojnë me të, me imagjinatën e pafre dhe fantazinë lozonjare. por në kohët tona, në kohët moderne domethënë, gjërat s'ngjasin më ashtu si dikur me fisniken e kroit dhe kalorësin e natës që merr majë kalit gruan e tjetrit diku larg, në një vend të huaj. sot nuk ka kishëza të vogla, as gra inteligjente që japin gji që nga pas rrjetës së padepërtueshme, pranë stolit të rrëfimit, në dhomën e errët, kishave mesjetare m'aroma kémi. krijesa të çuditshme postmoderne depërtojnë trurin e tjetrit dhe bëjnë fole. anipse të përkohshme, foletë mbesin aty përjetë e përtej së përjetshmes; presin të vdesin krejt të qeta. mendje të zhdërvjellta e dinë se dikur, një mbrëmje vonë, do të shihen diku bri një liqeni të madh. shumë i madh liqeni, bregut të cilit rimishërohen mendjet e pista në trajta të çrregullta. bregut të liqenit ka zbrazëti njerëzore. bëhet fjalë për një botë jolëndore, pra. lëngu i vetëm, është flirti i ndërsjellë me pamjen e liqenit. vetëm dy lila të zhveshur lundrojnë lëngut me nge; një lil i bardhë, një lil i verdhë. konturet e çrregullta që bartin, janë forma më e përkryer e mendjes njerëzore të shndërruar tashmë në imagjinatë absurde; lila me aromë njelmi.

nata ngadalë djeg terrin e vet dhe gjithçka ndehet në boshllëk. erëra të hatashme fshijnë gjithçka. as kryet e burrit në paqe mbi gjoksin e gruas përtej perdes së padepërtueshme në odën e errët të rrëfimit, as dëshira jerm e gruas murge, nuk mbijetojnë. kohët tona nuk e njohin aromën e lëkurës, shkulmat, njelmin...

luhen ëndrra rrëmujshëm në botë të panjohura digjitale. sekrete si peta të holla fosilesh moderne stampohen në memoriet e ftohta elektronike. histori të llahtarshme do të lexojnë njerëzit mbas dhjetë shekujsh, a ndoshta edhe një viti më shumë. do t'i kuptojnë si të duan vetë. edhe heshtjet do t'i deshifrojnë me kodet e veta. do të argëtohen me mëkatet tona dhe do të gajasen me turpet tona të pabëra. ndoshta edhe ne do të jemi mes tyre; rijetësuar, herë si njerëz të paorientuar intimë e herë si kërmij prilli. të nxehtë e të ftohtë njëherësh. ne do të jemi të akuzuar, akuzues dhe gjykatës. do të jetojmë edhe njëmijë e një vite të ndarë, por bashkë; quaji vitet e kërmillit!

Megi e Xheku

(të pastrehët e lagjes sime)

gjithë natës ishte endur rrugëve të qytetit, ashtu siç ishte, i lagur nga shiu që kish' zënë të binte imët e shtruar që pasdite herët. një polic e ngriti nga ku flinte para derës së një dyqani lulesh me një korridor thellë nga trotuari, ku s'e kapte as era as shiu. ngriti në karrocën e dorës të gjitha rraqet e veta e, duke rrëshqitur këmbët trotuarit me pllaka graniti të lagura, mendimi i zuri fill: "po sikur dikush të më zgjojë përsëri kur të gjej një vend tjetër, pasi të më ketë zënë gjumi paq? herë polici e herë rojtarët privatë të dyqaneve a pallateve kur ngjitem e fle shkallëve, maskarenjtë! edhe Megi mund të më zgjojë. ajo ma ndien erën nga larg e, kur nuk më gjen tek lulet, ndjek trotuarin nga kam ecur vetë dhe nuk di si, por më gjen. po sikur pasi të më marrë gjumi, të më hyjë një mi i madh në çantë e të ma hajë kulaçin? as minjtë nuk kanë strehë të ngrohta netëve me shi. futet rrëkeja e ujërave të shiut e mbush kanalet e ujërave të zeza e ja; dalin minjtë e marrin dhenë. ku do të shkojnë? në të s'ëmës? në çantat tona, në xhepat tanë.

oh prit, prit t'i shoh xhepat. kushedi ku e ka zënë nata Megin! ajo nuk do të ikte si ika unë kur më zgjoi polici. aty, në mes të trotuarit do të ulej e gjora e do të më priste. unë jam i lig! ja të kthej ta kërkoj. ndoshta ka zënë vendin tim tek dyqani i luleve, thellë në korridorin e errët, ku s'të kap era, as të lag shiu. po të jetë aty, do të bëjmë si do të bëjmë e do të shtrydhemi të dy...

po sikur të ma ketë zënë vendin tim pranë Megit, Mario, ai italiani i shkërdhyer, që thotë se ka punuar mësues muzike në vendin e tij? mësues i nënës së tij ka qenë. pse erdhi këtu pra? do të hajë shkelma bythës "Mozarti" i Italisë po të jetë shtrirë në vendin tim pranë Megit. paraziti i dreqit! gjithë ditën sillet rrugëve e as bukën nuk e siguron. nuk po them më shumë. as Megi e unë nuk sigurojmë shumë, por dimë të lypim e nga e vona pasdite, çoku vjedhim diçka, ndonjë kulaç a ndonjë kokërr dardhë tek dyqani i Tarikut, atij shkërdhatës kurd. në fakt, një ditë, Tariku vetë më pa duke vjedhur një pjepër nga stenda e bëri sikur nuk pa. ia di për nder, se ia kisha premtuar Megit pjeprin; kishte datëlindjen.

atë ditë, më kujtohet si sot, Megi ishte larë. kishte shkuar tek kushërira e saj Beti dhe i ishte lutur ta lejonte të bënte banjë në shtëpinë e saj. "kam një takim dashurie!" i kishte thënë asaj. poshtë në trotuar, prisja unë me pjeprin në dorë. nuk m'u dha t'i kërkoja Megit t'i fliste Betit edhe për mua. nuk e dija a do t'i pëlqeja asaj. ndoshta mund t'i thoshte Megit se unë isha jo aq i pashëm për të. a ndoshta mund t'i thoshte që isha më i moshuar.

mbas banjës, Megi dukej si ato gratë e bukura e zonja nëpër filma. gjithë natën brodhëm të dy. në mëngjes i thashë se kisha menduar t'i propozoja për martesë, por ajo gërhiste nga gjumi i thellë që e kish' zënë. edhe unë dremita, derisa na zgjoi Anisa. Anisa është streha jonë verore. Anisa është engjëll që punon në park e na lejon të flemë në barakën e veglave. oh dimri, sa i dhjerë është!"

— Megi!

zëri i tij jehonte rrugëve të ngushta të qytetit. shiu që vazhdonte të binte pa ndalur, tashmë e kish' humbur kuptimin. ia kish' depërtuar krejt rrobat. vetëm çanta plastike mbi kokë vlente akoma.

— Megiii!

*

* *

dita e re filloi zhurmshëm. për të pastrehët nuk kemi të dhëna të qarta, foli zonja tek zyrat e policisë së rajonit. as nuk keni adresa. as telefona...

...dy javë pa Megin. u ul mbi një stol betoni e ia mori një kënge taze:

'Megi, Megi të dua shumë,

hajde Megi haj' te unë!

kam frikë mos të zu makina,

a Zot mos, ke vdek' në lumë.

eja Megi, eja

kam gjetë streh' të reja..."

— hej, Xhek! pse qan?

— Megi? ti je, Megi? eja, ulu në stol! mbështeti kryet tek unë e fli pak! kur të zgjohesh, do të të jap kulaç e kajsi. i kam ruajtur për ty. kam edhe një kanoçe birrë. do ta pimë bashkë.

kitara

mesnatë. kishte vetëm një orë që më kish' zënë gjumi kur u zgjova. u ktheva dy-tri herë majtas-djathtas, mbështolla jastëkun lëmsh dy-tri formash, por s'më zuri më. një zhurmë monotone e pashpjegueshme, se nga vinte. bëra të ngrihesha, por shpresa se do të më zinte gjumi prapë, më mbajti në dyshek. kisha nevojë të tmerrshme për gjumë. para ca ditësh pata parë një doktor. psikiatër. kisha kohë që doja ta shihja, por një ngërç në gjoks s'më linte.

papritmas më zinte një dhimbje e tmerrshme koke. nuk kërkonte shkak urgjent si duket, mbasi më zinte herët në mëngjes, kurdo gjatë ditës në rrethana krejt të ndryshme nga njëra herë në tjetrën. kur më zinte natën, oh! më shkonte mendja të hidhesha nga kati i shtatë ku banoj. vdekje e sigurt, mendoja, dhe kohë optimale. kisha shkuar aq larg sa pyeta një mësues fizike të llogariste kohën që do të duhej për t'u plasur në tokë nga kati i shtatë.

— sa kilogramësh është trupi?

– nuk e di profe, – i thashë... – pse, a ka rëndësi pesha e trupit kur hidhet nga kati i shtatë për t'u plasur në tokë?

– po. sigurisht.

– a nuk është rënia e lirë njësoj për të gjithë trupat?

– luan rol edhe fërkimi me ajrin dhe masa e trupit.

– por, – vazhdova unë, – më kujtohet që, një mësues i fizikës në klasën e shtatë, na ka pas' thënë se, pavarësisht nga masa dhe pesha e trupave, po të lihen të lirë, ata do ta ndeshin tokën në të njëjtën kohë nëse kjo ndodh në boshllëk ajri, vakum.

këto fjalë po i zvarrisja si një i dehur, me gjuhë të trashur.

– po... nëse krijon vakum rreth trupit, ashtu është, siç të ka thënë mësuesi i klasës së shtatë.

– e si mundet njeriu para se të hidhet nga kati i shtatë, të krijojë vakum rreth vetes? a ke ndonjë këshillë profesor?

ndërkohë, krejt gjoksi e qafa më ishin mbuluar në djersë. preka veten me dorë, laga pëllëmbën me djersë dhe doja t'i merrja erë... se pse mendoja se do t'i vinte erë gjaku. doja ta pyesja profesorin pse ndodh që të mendojë njeriu që djersës t'i vijë era gjak, por s'kisha si.

më kish' dalë gjumi. zhurma konstante që më kishte zgjuar herën e parë në mesnatë, nuk ndihej më. mendova se do të kish' qenë nga përplasja e kanatave të grilave në dhomën tjetër të gjumit. do t'i kisha harruar hapur ndoshta. pashë orën. këtë radhë, ishte pothuaj në të gdhirë. "pse u zgjova?", mendova ashtu i zhytur në djersë, por pa përgjigje. truri më ishte gati i mpirë. ndoshta nga biseda me profesorin. profesori do të duhej të ishte idiot, përndryshe nuk do të më kish' trajtuar me aq seriozitet, sidomos pas asaj bajgës me klasën e shtatë. apo mos ndoshta vallë e ka ditur se isha në gjumë? ku ta di? po tash? tash si u zgjova? çfarë më zgjoi xhanëm?

tingujt e një kitare bas, më vinin të afërt. "ndoshta çuni i Sabriut, atij karrocierit të druve", mendova. po po, ai do të ketë qenë që më kish' zgjuar me kitarën e tij. a thua edhe ai të jetë idiot si profesori i fizikës? nuk e bëja dot lidhjen midis profesorit idiot të fizikës dhe çunit idiot të Sabriut. mendoja se s'kishin se si në fakt, të kishin lidhje organike me njëri-tjetrin. gjenetike jo e jo. as lidhje logjike fare... Leka, profesori ishte nga një qytet tjetër dhe kishte ardhur në qytetin tonë kohë mbasi Sabriut i kish' lerë djali... nuk ishin miq, nuk njiheshin fare. atëherë, si mund të ishin idiotë dy qenie që i njihja, që më ngatërroheshin në mendje në të njëjtën natë tek flija? po zilja e sahatit që mbaj te kryet kur fle, si s'ra xhanëm, pyes veten e dridhem nga frika se do të jem ende në gjumë dhe do të jem bërë vonë për tek doktori.

m'u zu fryma e më doli gjumi për të tretën herë. ndoshta kjo ishte nata që kisha fjetur më gjatë. hyra drejt e në dush, e hapa plot dhe fillova të shkumohem me sapun.

— përse keni ardhur sot këtu? kush ju ka rekomanduar? a keni probleme me zemrën, mushkëritë, veshkat, stomakun? nëse po, rrethoni fjalën përkatëse. a keni astmë? alergji nga ndonjë ilaç? po të sëmurë mendorë, a keni në familje?

më zunë të dridhurat nga kjo pyetje. m'u shpeshtua frymëmarrja, pulsi po ashtu. ndjeva se u shlliga në fytyrë... më duhej t'u përgjigjesha këtyre pyetjeve patjetër! mbylla sytë, u mbështeta në kolltuk, mora frymë thellë disa herë për t'u qetësuar...

— zotni! — dëgjova një si zë gruaje. hapa sytë dhe vura buzën në gaz. ishte stjuardesa që servirte mëngjesin. mbas pak, do të zbrisnim në Tokio. para se të hiqja kufjet nga veshët, shijova tingujt e fundit të një pjese me kitarë që po luhej në radio. tashmë isha i ngopur me gjumë. i buzëqesha vetes dhe disi u krekosa, duke u ndier mirë që nuk isha në zyrën e një doktori psikiatër, por në aeroplan për në qytetin më të madh në botë.

Tokioja shtrihej madhështore poshtë meje.

Dubrovnik

Madridi ishte tmerr ditët e para. përveçse nuk dija gjuhën, kisha me vete vetëm pak valutë. as për të mbijetuar një javë. nuk kisha parë kurrë më parë vende të tilla. as qytete kaq të mëdha. ti e di se vetëm një herë pata dalë jashtë vendit, dhe atëherë me ty. më kujtohet si tani si u bëre kur humbe portofolin në Petrovac! fillove të përplasje këmbët me forcë për asfalt. shaje, siç shan ti, me të parë e me të prapë. unë mezi e mbaja të qeshurën, e ti mezi e mbaje veten të mos më ktheheshe mua. mbasi u lodhe së shari e së mallkuari, ndale e më pe me dëshirë. më ka mbetur në kujtesë puthja e asaj dite. nuk kishe të ndalur. kalimtarët jo vetëm nuk të shqetësonin, por më dukej sikur nxiteshe më tepër nga prania e tyre. nuk qe hera e parë që putheshim ashtu, me zjarr në publik, por atë ditë... të kujtohet?

mandej më the të vraponim. vrapuam në drejtim të kodrës. vrapuam deri lart mbi kodër. unë prisja se do të doje të bënim dashuri e u përgatita shpirtërisht për të të çuditur, por gabova. sa po qesh edhe tash që po të shkruaj. ja, të kam krejt parasysh si e thartove fytyrën kur të tregova se nuk e kishe humbur portofolin, por ta kisha fshehur unë, kur pagove biletat e tragetit. mendova se do të të gëzoja. ti u mpive e u zverdhe. nuk e di nëse i kujton ti, por unë i kam fjalët e tua të ngulitura në mendje:

— ti ishe e vetmja që kisha mbas shpirtit në këtë vend të huaj. deri para një minute ishim vetëm unë e ti, tani kemi një portofol me para e mund të bëjmë ç'të duam.

hodhe hapat para meje e murmurite diçka, por nuk e dëgjova. u ule pranë një peme ulliri. më bëre shenjë të ulesha edhe unë. ma vure kokën në prehrin tënd. dhjetë gishtat e tu të gjatë u krodhën mes flokëve të mi. i rrëshqisje lehtë nëpër kokën e qafën time, ndër veshë e faqe. m'i preke lehtë e luajte pak me buzët, mbështete kokën pas trungut të ullirit e fillove të këndoje me zë të ulët një këngë angleze. ndërkohë që këndoje, duart e tua preknin butë sa flokët, sa gjoksin tim. mbaj mend që ajo këngë kishte të bënte me lirinë... me lirimin e një zemre të lidhur prangash. sa herë e këndoje atë këngë, nuk e di pse, por emocionohesha, ani se nuk ia kuptoja mirë fjalët. si mbarove këngën, u ngritëm e filluam të zbrisnim kodrës teposhtë. fytyra jote dukej e trishtë, e verdhë, pa jetë. një herë u ndale, zbërtheve rripin e pantallonave dhe mendova se... por ti veç sa thithe barkun, fute këmishën ndër pantallona, dhe mbërtheve rripin përsëri. nuk kuptoja ç'po mendoje, por s'të pyeta.

e di që të kujtohen të gjitha, por ani, po vazhdoj, meqë nuk po më ndërpret.

morëm tatëpjetën në një rrugë pa rrugë. ramë në xhade dhe më çudite kur i nxore dorën taksisë. thashë me vete: "kaq ishte, u mërzit ky."

a të kujtohet në Korçë kur bëmë fjalë për një pikturë rreth autorit? e kujt ishte, e kujt s'ishte. ti u nxehe e u kthyem mbrapsht në Tiranë, pa pirë as edhe një kafe në Korçë. nuk fole asnjë fjalë për kilometra e kilometra të tëra. tek zbrisnim Qafë-Plloçën, shfryve një herë e urove për autobusin të përmbysej. m'u krijua po ajo ndjenjë si atë ditë, dhe më erdhi keq për veten. ndihesha e zhvlerësuar.

— taksi!

një taksi e vjetër ndaloi para këmbëve tona. shoferi, një burrë i moshuar me mjekër të thinjur e skeletin e trashë e të zi të syzeve, foli diçka në serbisht. ti ia ktheve anglisht. s'u morët vesh. nuk u kuptuat fare derisa ti e bëre të thjeshtë për të dy:
— Dubrovnik!

shoferit i ndriti fytyra. si dukej, ajo rrugë ia kryente ditën.

*

* *

Dubrovniku ishte mahnitës e më la pa frymë; ndërsa ti luaje këmbët me të shpejtë, pa folur.

— ngadalë të lutem! — të thashë, — por ti nuk dëgjove, ose bëre sikur. ecje shpejt, sikur e dije ku do të shkoje, sikur kishe një takim a një punë të lënë përgjysmë. më zuri frika. nuk dija çfarë frike, por frikë. apo ishte ankth?

diçka ma shtypte gjoksin dhe po djersitja. ti sikur e ndjeve këtë dhe ngadalësove të ecurën. ma zure dorën. me tjetrën më shtrëngove në qafë e më ngjeshe pranë pa ndaluar së ecuri. dy-tri herë ktheve shikimin nga unë e më buzëqeshe lehtë. më iku frika, por prapë, një gjendje ankthi më pështillej gjoksit. ti nuk më kushtoje vëmendje e, kësisoj, m'u desh të ta tërhiqja vetë disi.

— hej! — thirra e u ndala. futa pëllëmbët mes kofshëve dhe përtheva pak gjunjët. e dija që ashtu josheshe përherë. kafshova pak buzën e poshtme e të buzëqesha lehtë.

— jam lodhur Bedri, dua të ulem. dua të pushoj pak.

— jo, jo, — the ti. — ja, jemi krejt pranë bujtinës.

zure të ecje prapë, por unë s'lëviza. u përmbysa mbi kalldrëm. jam e lodhur, të thashë. fytyra jote u prish, u zverdh. kurrë nuk të kisha parë kështu më parë. fillove të flisje diçka përçart, por nuk po të kuptoja. më dukej sikur fliste një i përgjumur a i dehur. nuk dukeshe mirë. ta mbuloi djersa fytyrën e të rridhte çurg nëpër faqe, drejt gushës.

— mirë je? çfarë ke? je bërë dyllë i verdhë, — të pyeta.

ti s'bëzajte. u ule pranë meje, deshe të flisje, por fjalët me zor të shkëputeshin nga qiellza. e kishe gojën të thatë. mundimshëm provove të thoje diçka, por nuk ia dole. mbas pak, ishim në bujtinë.

atë pasdite nuk dolëm fare nga aty. një grua e shëndoshë dhe
e bukur, që ti me ç'dukej e njihje që më parë, t'i plotësoi të
gjitha tekat. atë natë pimë shumë. u dehëm të dy. unë isha e
pamësuar e ti nuk kishe të ndalur. pije shpejt e me gllënjka të
mëdha. edhe një hurbë, edhe një hurbë, edhe një tjetër.

zakonisht, kur pije herëve tjera, vije në qejf dhe këndoje. kësaj
radhe ishte ndryshe. ishte tjetërsoj, e frikshme. nuk kishte nur
në fytyrën tënde. trishtimi lexohej qartë në sytë e tu. ashtu i
zverdhur siç ishe, vetëm flisje. flisje pandalshëm. flisje për
filozofi e libra, për politikë, art e çmos tjetër. ato që thoshe,
nuk kishin lidhje me njëra-tjetrën. ishin biseda përçart, në ajër,
si kleçka plastike a letre, që i ngre era lart e i hallakat derisa i
përplas faqeve të ndonjë pallati a për asfalt. kur pije herëve të
tjera, më puthje shumë e më doje si i marrë. kësaj here nuk
ndieja se më deshe, derisa papritmas ma more dorën e më
tërhoqe drejt shtratit.

tek ecnim, fika dritën dhe ti bërtite: − ndize!

hymë nën çarçafët e bardhë, mbi një dyshek të butë. nuk e di
pse, Bedri, por atë natë lutesha të mos më kërkoje të bënim
dashuri. kisha frikë. ishte hera e parë që kisha frikë nga ti.

ti nuk fole, më tërhoqe ndaj vetes dhe më kërkove ta fusja
kofshën mes kofshëve të tua. më more erë në gjoks, në bark
e më kafshove lehtë, herë mollëzat e faqeve, herë në qafë.
pastaj më puthe ftohtë dy a tri herë e u ndale. nuk dija si të
reagoja. nuk doja të të joshja, as doja të të shtyja. frikohesha...

ti heshte për një kohë, mandej sikur u zgjove nga një ëndërr e
keqe, u shtyve mbrapa e më pe në sy. sikur doje të siguroheshe

që isha unë. para se të të këpuste gjumi prapë, më the duke më përshpëritur në vesh: — Ana, ti je kurva ime!

oh! nuk më kishe folur kështu kurrë më parë. nuk fola e ty të zuri gjumi saora.

ndoshta do të flija edhe unë, por ajo fjala jote më preku thellë në tru. ma turbulloi mendjen. përse the që isha kurva jote, Bedri? pyesja veten: "a jam kurvë unë? a jam kurva e Bedriut?"

solla ndër mend tërë të kaluarën tonë. fillova të të urreja dhe doja të grindesha me ty, por ti flije thellë. fytyra jote e zverdhur dhe frymëmarrja e çrregullt, më frikësonin. mendova të të godisja me shuplakë fytyrës, por druhesha se mos zgjoheshe. kurrë nuk të kisha parë më të largët. mendova të ikja me vrap, të merrja një makinë për në Shkodër, të të braktisja ashtu, në gjumë. nuk dija si të ta shprehja urrejtjen më së miri. mendova derisa u lodha.

një mendim i ftohtë ma pushtoi trurin. në fillim i rezistova, mandej e pranova. futa duart ndër vete dhe ftova Fredin. mendoja që nuk xhelozoje kënd më shumë se atë. ashtu vendosa Bedri. solla Fredin mes nesh e filluam. unë dhe Fredi bënim seks, ti flije. nuk e kujtoj krejt qartë, por mendoj që nuk e shijova si fillim. Fredit nuk ia hidhja sytë fare. ai ma bënte, por unë kisha sjellë fytyrën nga ti. të shihja tek flije e të flisja pa zë. të përshpërisja në heshtje fjalë të ulëta. të thoja se po e bëja me dikë tjetër në shtratin tënd. thoja që ti ishe i dobët dhe se ai e bënte më mirë se ti.

— shihe! — të thoja. — hapi sytë e shih tjetrin duke ta bërë të dashurën ndër sy, në shtrat, pranë teje!

të thoja se do të martohesha me ty, por do të dashurohesha me të tjerë: − a më deshe kurvë? ja kurva tani!

Fredi kërkonte vëmendjen time. ia dhashë. ia dhashë më tepër për inatin tënd sesa nga dëshira. sa më shumë ma bënte Fredi, aq më shumë të urreja ty e aq më tepër fillova ta shijoja. kurvat dinë të tradhtojnë me stil, apo jo?!

po afrohej ai momenti që do të të mbysja krejt Bedri. unë e Fredi po afroheshim njëherësh. ai ruhej nga frika jote, por unë nuk të kisha frikë më. tash ishte momenti im. lëshova zë. fort, fort!

po i jepesha Fredit. pranë teje. me dikë tjetër. me një që ti e urreje, dhe e shihje si rival. ti nuk u more fare me të. për çudinë time, e injorove Fredin. as që e mendoja se do të mund ta bëje këtë. ti vetëm më pëshpërisje pa pushim në vesh: − Ana ime, a je kurva ime? je vetëm imja?

*

* *

Bedri, kurrë nuk të kam pyetur. çfarë qe ajo natë! ç'ka ndodhur atë natë? ishte Fredi me të vërtetë në shtrat me ne? kush ishte ajo gruaja e shëndoshë dhe e bukur që na sillte pijet e na puthte të dyve në gojë? interesante! më pëlqenin vithet e saj. herë-herë, ajo ndërronte formën. çnjerëzohej, humbte gjymtyrët, flokët e fytyrën. kthehej në të tejdukshme, bëhej e butë dhe e lëngët si kërmill i madh. ma prekte lagësht trupin.

kur ti flije si qengj, ajo rrëshqiste mes kofshësh si fillim, pastaj më mbulonte krejt e lëshonte një lëng të trashë mbi mua, lëng të nxehtë. të nxehtë valë. më lëpinte kofshët e më kafshonte thithkat e gjinjve. Fredit nuk i qasej. pastaj ngrihej në këmbë, dhe të sodiste ty. binte në gjunjë pranë shtratit dhe t'i ngulte sytë, të afrohej tek gjoksi e merrte frymë thellë. sa më shumë përgjërohej ajo gruaja e shëndoshë dhe e bukur pas teje, aq më shumë shtrëngohesha unë pas Fredit.

qe e gjatë ajo natë Bedri... e çuditshme. ishte verë, por shiu binte si në vjeshtë. ngrihesha ashtu lakuriq dhe hapja dritaren dykanatëshe. shihja qytetin e vjetër tek shkëlqente dritash në det. kur ktheja kryet nga shtrati, herë nuk ishe ti, herë nuk ishte Fredi. gruaja e shëndoshë hidhte vithet sa andej-këndej nëpër dhomë. e çuditshme ishte ajo grua e shëndoshë dhe e bukur. gjinj të njomë kishte!

ç'ishte gjithë ajo zhurmë në kuzhinë aq herët në mëngjes? doja të ngrihesha e të të gjeja ty e atë gruan e shëndoshë e të bukur duke bërë seks aty, por këmbët nuk më bindeshin. ndoshta nuk kisha dëshirë. nuk dija në doja të të gjeja ty e gruan e shëndoshë e të bukur duke bërë seks në kuzhinë, që të të hidhesha në fyt nga xhelozia, apo doja të të shoqëroja, të isha rivalja e gruas së shëndoshë e të bukur! kurse Fredi sillej vërdallë dhomës, si hije. hije ishte ai, vetëm hije mashkulli. nuk e kam kuptuar kurrë pse kishe frikë nga ai. kur isha e vogël, më puthte. ta kam thënë? po më duket. ta kam thënë, ta kam thënë. ai nuk dinte të puthte, por pikturonte bukur. një herë më pati zhveshur për të më pikturuar. më pati zhveshur në fund të bahçes sime. mes hithrash e badrash të rritura hijeve avullish të larta dhe pemëve-hurma. më tha të ulesha mbi një arkë të vjetër zarzavatesh. filloi shi. unë ngriva, por nuk luajta nga vendi. Fredi u mbulua me një çadër të madhe burrash e vazhdoi të më pikturonte. unë dridhesha nën shi, por mendjen e kisha tek piktura. si do të dukeshin gjinjtë e mi në pikturë? sa herë që isha vetëm në dhomë, shikoja gjoksin tim në pasqyrë. asnjë nuk i kish' parë sisët e mia veç Fredit. por isha e vogël, as njëmbëdhjetë s'i kisha. mbas disa orësh ashtu e zhveshur, u ngrita dhe, duke u larguar, i thashë se po vdisja së ftohti... "më prek po deshe Fredi, më prek ku të duash." ai pa si i trembur përreth dhe zgjati dorën e më preku lehtë me majat e gishtave në kofshë. "prekmë-prekmë! më luaj këtu poshtë!" në të vërtetë nuk kisha dëshirë të më prekte. nuk e di pse i thoja se mund të ma prekte trupin. vetëm kur bëja banjë e doja Fredin dhe e ftoja të më prekte ku kisha dëshirë vetë. kupton? vetëm kur isha vetëm dhe bëja banjë të ngrohtë...

kaq për sot, Bedri. pate dëshirë të të shkruaja? ja, të shkrova!

varreza e Shën Sofisë

rrugëve të qytetit të lashtë, zbrazëti. është vapë. ka shumë pak
njerëz. ka pak fare domethënë, disa arabë (i dalloj nga pamja),
që shesin rrugëve në tezga, ndonjë i moshuar që mezi heq
hapat zharg, e tek-tuk, ndonjë veturë e vogël prish qetësinë e
frikshme të mesditës bosh. përkrah rrugës, rrjedh qetë lumi
ngjyrë kakao, nga ana tjetër një varrezë gjigante, si të ishin
mbledhur eshtrat e të gjithë të vdekurve të të gjitha kohërave.
qiparisat dhe drurët e tjerë, e mbulojnë me hije vendin, i japin
freski. tek-tuk, varret janë shembur e diku tjetër janë
mirëmbajtur. ka shumë skulptura ndër këto varre: kryqe të
thyer, kryqe të shembur, disa engjëj janë me pamje të mjeruar;
skulptura të moçme prej betoni të gërryera nga kohët. disa
kanë një krah mangët e disa kokën. do janë të bukura, prej
mermeri të bardhë a graniti të zi. madhësia, dukja e varreve,
ndryshon nga njëri tek tjetri. ca duken varre pasanikësh e do
të tjerë fukarenjsh. ata të fukarenjve i kanë engjëjt më të vegjël,
të nxirë e të vdekur rreckamanë, engjëj të shpupluar, të
shëmtuar.

fotoja e një gruaje bie në sy; e madhe sa gjysma e pllakës te kreu i varrit. Odesa e ka emrin. Odesa ka sy të mëdhenj, të errët, fytyrën e hequr, të zbehtë. ka të veshur një këmishë të zezë me jakë të bardhë të qëndisur. një fije e hollë buzëqeshjeje sa një fije floku, i vërehet nën buzën e poshtme. nuk ka datë lindjeje. vetëm datë vdekjeje. as mbiemër s'ka. kush të ketë qenë vallë Odesa? emër i çuditshëm! pse s'ka datë lindjeje? po mbiemër, pse jo? nëse askush nuk ia dinte, pse nuk ia sajuan? me siguri grua e vetmuar do të ketë qenë, e mjera! të ketë qenë vallë kjo fotografia e saj e fundit? apo thua të ketë vdekur plakë dhe i dashuri i saj i ka vënë foton e rinisë, që të përjetësohej me bukurinë e saj të trishtë në këtë botë?! i dashuri... ndoshta nuk ka pas' të dashur. mendime të liga vijnë e shkojnë. po sikur të ketë pas' të dashur grua? kjo pamje melankolike... të jetë martuar thua me të dashurën e saj? ndoshta. ndaj s'ka mbiemër. cilin mbiemër të mbante e gjora, të vetin, apo të së dashurës?

sa budalla! e kreva punën unë. i gjeta grua, e martova. ndoshta nuk ka qenë e martuar. ndoshta s'ka pasur burrë, as të dashur... apo të dashur grua. ndoshta ka qenë e huaj në këtë qytet. mbase komshinjtë e kanë varrosur. nuk ia dinin mbiemrin e, sigurisht, as datën e lindjes. nga t'ia dinin? a s'janë racistë disa ndaj jabanxhinjve?

Odesa! doja të shëtisja nëpër varreza, por diç më thithte nga varri i saj. fotografia, e di. sytë e saj të tretur diku qetësisht...

mendova t'i telefonoja Polinës, një të njohurës sime nga Ukraina. e ç'ta pyesja? e njeh ti Odesën që ka vdekur një Zot e di se kur... dhe është varrosur në Firence pa datë lindjeje (vetëm me datë vdekjeje) dhe pa mbiemër?

sytë e Odesës ishin aq të bukur. kaq mjaftonte për mua. pse ta shqetësoja Polinën? ajo do të ishte në zyrën e saj në Londër, duke shëtitur nëpër faqet e agjencisë së lajmeve. me siguri, një grua e vdekur pa nam e pa nishan, nuk do t'ia tërhiqte vëmendjen. mua po. mua më bëri për vete. Odesa, tash e mbas, do të jetë e pranishme në kujtime. duke dalë nga varrezat, mendova që, kur të shkoj një herë tjetër në atë qytet, do t'i blej një lil të bardhë. t'ia vë mbi varr.

*

* *

më vonë më pat' shkuar mendja: "pse nuk ia bleva lilin e bardhë te dyqani i luleve pranë portës së varrezave? do të shkonte hijshëm me jakën e bardhë në fotografinë e ftohtë dhe me sytë e bukur në porcelan."

tek berberi

janar. binte shi e borë bashkë, s'di a kemi fjalë në veri për shiun e borën bashkë. më duket se në jug i thonë shqotë. edhe unë shqotë do t'i them. më pëlqen fjala shqotë.

isha lagur e po dridhesha së ftohti. nuk më pritej të shkoja në shtëpi, mbasi kisha frikë se do të ngrija. "thirri mendjes", i thashë vetes e më ra ndër mend berberi. tek berberi përherë ka ngrohtësi. përherë është një stufë me dru apo një furnelë me korrent. kurrë nuk mbaj mend të kem mërdhirë tek berberi.

"mirë se rrini!", i përshëndeta të gjithë, por asnjë përveç berberit nuk ma ktheu. "kujt po i rruhet", thashë me vete, "se mos erdha për të zënë shokë këtu. erdha për të marrë një të ngrohtë e pikë."

isha i treti në radhë. po lutesha që të vinte ndonjë i moshuar për t'i lënë radhën time për "respekt". s'desha të dilja nga aty pa pushuar shqota ose pa u mbyllur berberhania. kaq kisha mërdhirë.

një burrë në moshë të mesme, po tregonte një histori me zgjedhjet e fundit. nga tregimi, mora vesh se ishte katundar. jo vetëm se tregonte për ngjarje në një katund diku në malësi të Tiranës, por edhe për mënyrën se si fliste. një tjetër që, me sa kuptova, iu duk e lehtë ta dominonte katundarin, hovi në bisedë dhe tregoi se si edhe ai me ca kushërinj, kishin vjedhur vota për njërën parti në dëm të tjetrës. "haha" njëri e "haha" tjetri, u gajasën katundari e kryeqytetari. flisnin për hajni sikur të flisnin për ndonjë virtyt të rrallë. aq mori zemër katundari (më duket se edhe kish' pirë, se vetë fliste e vetë qeshte, pa pushim), saqë edhe kur ia shkumoi berberi fytyrën, s'i hyri gjuha në gojë. tregoi se si ai e ca katundarë të tjerë, kishin rrahur një herë një vëzhgues nga Tirana kur kish' shkuar në qendrën e tyre të votimit në fshat. edhe miku i tij qytetar, por edhe të tjerët, gajaseshin. edhe berberi me ta. nuk kuptoja se pse qeshnin si të luajtur; por a ma ndjeu thuaj? hiç! kisha shkuar për t'u ngrohur dhe u ngroha sa m'u shkri shtati.

fillova të shtriqesha në ndenjësen time dhe mora një revistë nga ato me vajza me sisë jashtë. se pse mendojnë berberët se njerëzia i kanë qejf ato revista! nejse, as që m'u bë vonë për subjektin e revistës, përderisa po ndihesha mirë me ngrohtësinë e ambientit.

që i vogël, mbaj mend që era e berberhanës me pëlqente. bile, më kujtohet, ia pata thënë një berberi që e kishte baba shok, e sa herë shkoja mbas asaj dite, ai më hidhte një çikë kolonjë në trinë të dorës. i vetmi berber që kishte baba shok. atë kohë, mbaj mend që njerëzit e mbanin gojën të kyçur tek berberi, mbasi thonin se berberët çoku ishin spiunë. ai berberi që na shpinte baba, kishte qenë në burg. xhaxhai im, i cili ishte mik me berberin dhe kishin bërë burg bashkë, i kishte folur babait fjalët më të mira për të. prandaj, baba, vetëm atje na shpinte. ai më thoshte se e gjenim përherë vetëm, ngase njerëzit i rrinë larg, nga frika se nuk donin t'i shihte ndonjë spiun duke ndenjur me berberin e ish-burgosur. në të vërtetë, kurrë nuk i pata besuar babait. berberi m'i qethte flokët përherë keq e mendoja se ajo ishte arsyeja që njerëzit nuk donin të qetheshin tek ai. mendoja nga ana tjetër se edhe baba e dinte, por shkonte sa për ta bërë të ndihej mirë. nejse.

ashtu si u luta, ashtu ma solli Zoti. një xhajë nja gjashtëdhjetë a më shumë, erdhi për t'u qethur e rruar.

– kemi një rast e më duhet të shkoj i kërpitur, – tha ai dhe zuri vend. i rraha shpatullën e bëra rolin e zotnisë.

– merre radhën time, – i thashë me një buzëqeshje të lehtë. më falënderoi i shkreti e më dha ca urata për nderin që i bëra. ndërkohë, katundari kishte ikur. nuk më kujtohet mirë, por më duket se iku pa përshëndetur njeri. ai tjetri që kishte vjedhur vota sa ishte shqepur për njërën parti në dëm të tjetrës, po vishej duke fishkëllyer një "kongë tironce". ishte edhe një para xhajës e mandej unë. xhaja, si duket, njihej me berberin, se s'lanë kënd pa marrë nëpër gojë. me mace e me minj; krejt mëhallën. vajza e Hasanit kështu e djali i Hazizit ashtu... kështu Maria e shoqja e atij shiksit, që s'kish' lënë gjë pa bërë, e ashtu Dorina, e bija e shitësit të mishit. ma shpifën e mbeta me sy nga dritarja me shpresën se mos ndalte shiu. nuk binte dhe aq xhanëm, por pata mërdhirë shumë. deri në palcë më pat' hyrë të ftohtit.

u rrua e u qeth xhaja e nuk iu mbyll goja; bashkë me berberin. pagoi e më përshëndeti me dorën lart tek balli, gati si ushtarakët. sa doli ai, unë u ngrita për t'u ulur në ndenjësen historike të berberit. ato ndenjëset me meshinë, ngjyrë kafe në të zezë, tërë plasa si lëkurë fiku. tek po drejtohesha për aty, ai ia priti: — a e pe këtë që doli? Filipin?

— po, i thashë e pashë por s'e njoh kush është...

— gruaja e tij është një kurvë kurve! ka ikur me dashnorin e vet në Gjermani e ky leshkoja më thotë se ka vajtur tek çupa në Zvicër.

u ndala. më erdhi për të vjellë. gati sa s'volla.

— ndërrova mendje, — i thashë berberit. — po iki.

ktheva mbrapsht dhe tërhoqa xhaketën nga kremastari dhe tek po e vishja, se ç'murmurita, as vetë s'e di. ai kishte ngelur duke më parë si dac.

— po pse kështu? ç'pate?

— hiç hiç, — i thashë dhe futa dorën në xhep e i dhashë ca kacidhe. pa mbyllur derën mirë, këputa një: "të shkërdhefsha robt!" nuk e di a më dëgjoi a jo, po kush e rruajti!

shi në Hong Kong

trak-truk, ngadalë, hedh hapat mbi trotuaret e lagëta të Hong
Kongut. qindra e mijëra njerëz më kalojnë përbri, para e
mbrapa. trak-truket e hapave të tyre, mbajnë një ritëm sa të
vjetër, aq edhe modern. ritmin e bezdisshëm e të ngadaltë.
maturinë absurd-kinez. fytyra të verdha si drita nate, më
frikojnë e më intrigojnë. verdhane të zhdërvjellëta sybajame,
buzëqeshin shik.

uria m'ka gërryer zorrët, e prapë nuk dua të ha. jam i tejlodhur
nga dita. ditë akrepash! vërdallosem në vetmi. shëtis më
këmbë qytetin që nuk më josh, ngaqë ia di tërë vrimat. lypsarët
të qorrojnë sytë me gishtat e duarve të shtrira. prostitutat
moderne nuk kanë minifunde, as çizme të gjata. vetëm gjoksin
gjysmëjashtë e buzëqeshjen tipike. hamshorët lakmojnë në
heshtje, e femrat epshojnë në dialekt mandarin. zërat e tyre të
hollë e përcjellin jehonën seksuale tej mureve të kadifenjtë.
vetëm dhimbja e tyre nuk ndihet, s'ka vlerë. dhimbja... këmbët
e drejta, gjokset e njoma e vrima e ngushtë, janë *modus vivendi*.
qyteti vibron lehtë, ftohtë-ngrohtë. Hong Kongu frymon

grahmën e vet të gjatë, lëngatë moderne. miliona transaksione firmosen tryezave të rënda të drunjta. shikime kryqëzohen, e këmbë kapërthehen nën tavolina. milionerë të varfër e kurva të pasura, hijeshojnë absurdin moral.

zërat e hollë janë si sirenat. nata, verdhane si dita. anemike. varak arkivolësh kristianë. heshtjen antike e thyejnë kapërthimet e kofshëve, thithjet e gjata e orgazmat e thukëta shtretërve të gjerë të paguar mirë. kujtesë që vdekja është pjesë jotja në copëza. e tëra nuk vlen. burrat që djersijnë epshet e tyre cinike, janë zotëruesit e natës angleze të Hong Kongut. pjesa tjetër të shfaq boshin e saj ordiner. thjeshtë kineze. çnderime, dhimbje të kunjta e të holla, që shpojnë mes brinjësh e futen avash-avash në mushkëri, të akullojnë. ta marrin frymën. të vdesin. të nesërmen veç, përmes rrugëve të lagështa të Hong Kongut, shpërthen një jetë e vrulltë.

më shijon të lodhem e rropatem rrugicash të ngushta labirinte, të uritem e ta shuaj urinë me çaj e të shkoj mbrëmjeve ngadalë në shtratin e prenotuar. më pëlqen konfuzioni kino-anglez i qytetit. këmbët e drejta, gjokset e njoma, janë simfonia e tij. janë art! veç disa dinë ta shijojnë mendimin retrospektiv që ndjell. pluhura të bardhë hundësh e lëngje shiringash, kalojnë dejsh. trutë avullohen. avujt e alkoolit në baret nëntokë, dehin hamshorët e gatshëm për lavdi. ujëra placentash plasin apartamentesh të pistë e të ngushtë. sperma kutërbon bardhë, netët e verdha kineze. kodoshët gjithandej! aty larg në det, në anijet terr, ndizen dritat e kuqe të dhomave të gjumit.

i çuditshëm ky qytet! mbarset e zbrazet në zhurmë. ajri i ngarkuar me bulëza lagështie. shikimi i mjegulluar humbet diku. sirena anijesh gjigante, mundohen më kot të çajnë përmes trafikut të varkëzave kurvicka. qeshjet çapkëne të vashave, treten në dalldinë e ditës. shiu më i imët se mjegulla... mërdhij! aeroporti, pikë fokale në mendjen time, gëlon dhe më ndjell! diku larg, një vajzë e bukur më fton me melodi të ëmbël violine.

muzikantët në Stamboll

ishte shkurt. shkurt prej atyre që të bien thonjtë prej gishtash. të ngrin hunda e të bie në tokë po e preke. po hyja në një stacion treni, nga ku do të shkoja në aeroportin e Stambollit. po vrapoja që të mos më ndalej fryma nga të ftohtët. sa hyra nëntokë, ndjeva një valë nxehtësie, tinguj muzike dhe pashë një qoshk të vogël që shiste kafe, çaj, çokollata e sende të tjera për konsum të çastit.

prej tre vetash ishte grupi që jepte shfaqje muzikore aty në stacionin nëntokë. një me kitarë, një me violinë dhe një me një vegël si biçim dajreje por pa lëkurë, vetëm me rreth dhe ca peta metalike që lëshonin tinguj të vrazhdë. muzika ishte si prej jugut të Amerikës. nuk di t'i ndaj muzikat e atyre vendeve. më duken të gjitha njëlloj. njëri nga muzikantët edhe këndonte… spanjisht. para vetes kishin vënë një kovë boje bosh dhe, si duket, prisnin që njerëzia t'u hidhnin para. shumë prej kalimtarëve dhe shikuesve, edhe hidhnin në fakt. unë kisha ca të thyera, ca kacidhe, dhe ua hodha. harrova për ku isha nisur dhe u habita mbas tyre. luanin bukur me veglat.

njëri ishte edhe komik. herë pas here lëshonte nga një batutë e njerëzia qeshnin. në përgjithësi, batutat e tij kishin lidhje me të hedhurit e parave. dy vajza të reja dolën para orkestrës dhe filluan të kërcenin. në fillim, njerëzit i pëlqyen dhe i duartrokitën, por kur ato u nxehën dhe filluan ta shikonin njëra-tjetrën me lezet, populli sikur u shtang. pastaj, ato gocat filluan ta preknin njëra tjetrën dhe të putheshin. ca u larguan duke hungëruar nën hundë, por ca qëndruan. edhe unë qëndrova. nuk kisha parë kurrë në jetën time dy vajza të putheshin. "hajt", thashë, "të shoh ç'bëhet."

disa njerëz po i inkurajonin, dhe muzikantët menduan se kjo do të afronte më shumë shikues e filluan ta nxehnin muzikën dhe të bënin gjeste të ashikllinjve.

nuk vonoi pak dhe mbërritën nja katër a pesë policë. alamet burrash. jo t'i shkelmuar ato vajzat, por ua nxorën dashurinë për hundësh... po muzikantëve? oh! grushta e shkelma sa mundnin. "këtu jeni në Stamboll", tha njëri prej policëve... "pisa! shkoni... pirdhuni në Paris, a diku tjetër!"

mendova se, me siguri që ato vajzat do të shkonin në Paris dhe me qejf bile, por a u jepnin viza francezët?

nga Stambolli do të fluturoja në Londër. po vrisja mendjen si do të silleshin policët anglezë po të shihnin dy vajza duke u puthur. kushedi! as që më interesonte në të vërtetë. çantën mbi shpinë dhe fillova të fishkëlleja një melodi që më mbet' në mendje nga muzikantët latinë.

tek doktori

isha i dyti në radhë. tjetri u fut brenda, kështu që mbeta i pari. prita për nja njëzet minuta e asgjë nuk ndodhi. në fakt, asgjë nuk pritej të ndodhte. korridori ishte katror, diku gjashtë metra me gjashtë. gjashtë herë gjashtë, bëjnë tridhjetë e gjashtë metra katror. aq m'u duk, ndoshta edhe jam gabuar. syri të gënjen.

një grua nja dyzet vjeçe, doli nga dera me një tufë letrash në dorë. e tërhoqi derën pas, por nuk e mbylli krejt. mbeti e hapur aq sa unë të mund të dëgjoja krejt ç'flitej brenda; dhe dëgjova fjalë për fjalë ç'u tha aty.

— unë nuk jam edhe aq keq sa mendojnë, doktor. unë jam relativisht mirë. mundem të kuptoj çfarë bëhet rreth meje, si luhen lojërat e si sillet bota. bota sillet doktor, apo jo! ajo sillet rreth vetvetes dhe rreth diellit. kështu na kanë mësuar në shkollë.

buzëqeshjen nuk kisha si t'ia shihja nga plasa e derës, por vetëm e imagjinoja.

– sigurisht, tha doktori, – sigurisht. sillet e shkreta rreth vetvetes dhe rreth diellit.

– doktor! a të kam thënë se unë nuk jam budallaqe? po, besoj se ta kam thënë, por edhe nëse jo, besoj e ke aty në kartelën time... apo jo, doktor?!

– po. të gjitha janë në kartelën tënde, – foli doktori me zë të ulët, sikur fliste me veten më shumë se me tjetrën. – por, duhet t'i marrësh barnat rregullisht, se mund të precipitosh si herën tjetër.

– po jo doktor, jo. herës tjetër ishte faji im. jo që nuk piva barnat, jo, por nuk bëra si duhet me mendjen time. ti doktor e di se unë kam ca probleme me mendjen, apo jo! sigurisht që e di, ndyshe nuk do të më jepje dhjetë receta për barna farmacie, apo jo doktor?!

doktori dukej se e kishte humbur durimin, por profesioni ia lypte të ishte nën kontroll të vetes. unë po e humbja durimin, gjithashtu. kisha problemet e mia. ç'më duhej ky lloj dialogu ndërmjet një psikiatri e një pacienteje të sëmurë mendore?!

i thashë vetes: "mos ia var. kanë për të marrë edhe ca kohë e do të mbarojnë së llafosuri. do të sosin."

– tani dëgjo, doktor! – foli e sëmura.

– është hera e dytë që shihemi bashkë dhe ti nuk ma di historinë. baba im e nëna ime, kanë qenë intelektualë të rangut të lartë. nëna ishte pianiste. por jo pianiste dosido, jo. ajo ka luajtur në *"La Scala"* të Milanos. beson ti? apo nuk beson?! apo mendon budallaqe kjo e nuk i vë vesh?!

— të besoj, të besoj! — foli doktori me zë metalik, pak të gërvishtur, — por barnat...

— lëri barnat doktor, lëri! për këtë të shkretë po flas. ki pak durim e më dëgjo! kurse baba im që thua ti, ka qenë shkrimtar. po, po, shkrimtar. baba quhej Meni Brajt. ishte nga Skocia, nga Edinburgu. kokën shkëmb e kishte, ndaj kurrë nuk bëri hair. nuk donte t'i bindej askujt e asgjëje. por shkroi ai, shkroi për një revistë në Irlandën e Veriut e një gazetë në Birmingham. unë kam marrë më shumë nga babai. kam dëshirë të shkruaj. dhe shkruaj doktor, shkruaj. shkruaj për veten. për hallet e mia. kam halle shumë unë. shumë halle kam.

...para se të vija me banim në Londër, kam pas' jetuar në Njukasëll. nuk isha keq atje, por kjo puna e barnave, më mërziti, më bëri avull nga mendja e një ditë vendosa të ikja dhe ika. atje kisha dy doktorë që më vizitonin rregullisht. dy doktorë. sikur nuk mjaftonte një, më caktuan dy. njëri ishte i mirë, kishte durim të dëgjonte, kurse tjetri ishte për ta therur në qafë. kaq maskara ishte!

më diagnostikuan si skizofrenike, si psikopate dhe si maniako-depresive. nuk e di nëse i kam të gjitha këta sëmundje apo simptoma doktor, por një gjë e di me siguri: unë nuk besoj në këto perceptime e diagnoza. nuk besoj e nuk besoj! a di pse, doktor? sepse unë jam shumë e zgjuar e nuk kam nevojë për hape e barna. unë mund të kurohem vetë. mua më duhet të mësohem me këtë situatë dhe të gjej rrugëdaljen. ka rrugëdalje, ka!

shpesh, kur nuk më besojnë dhe kur më kundërshtojnë pa arsye, bie në depresion të thellë. ka periudha që jam në gjendje maniakale dhe kam problem. kam problem me vetëkontrollin. e di ti doktor, si është kjo situata e episodeve maniakale, apo jo?!

unë kam energji të jashtëzakonshme. jam shumë e talentuar. oh! a të kam thënë se jam piktore shumë e mirë? po që shkruaj prozë të shkurtër? jam shumë e mirë në të dyja, doktor. shumë, shumë e mirë!

...

oh, sa do të kisha dashur ta shihja fytyrën e doktorit kur ajo vajza fliste për talentet e veta, por nuk mundja! një gjë veç, tanimë nuk ma ndiente sa do të zgjaste ai takim ndërmjet asaj dhe psikiatrit. fare nuk ma ndiente. në të vërtetë do të doja të zgjaste pafund. më fryhej gjoksi tek dëgjoja një nga ne të fliste për shumë talente me doktorin psikiatër. ata vetëm dinë të ta mbushin çantën me barna e ik fli!

...

— tani, — vazhdoi ajo, — ja çfarë do të bëj: do të studioj dhe do të përpiqem të mësoj si të kontrolloj veten dhe situatat maniako-depresive. a e di çfarë, doktor? nganjëherë, unë shkruaj për orë e orë me radhë... dhe pikturoj për orë e orë me radhë. nganjëherë nuk fle dy a tri ditë doktor dhe nuk ndiej lodhje. veç më vonë, kam një dhembje koke aq të fortë, sa kur më pushon, nuk di ta përshkruaj. nuk përshkruhen dhembjet e tilla duke u bazuar në memorie doktor. memoria nuk është e aftë ta kryejë atë punë. memoria është harraqe doktor. a je dakord me mua në këtë pikë?

me siguri që do të ishte duke buzëqeshur në këtë rast, por nuk mund t'ia shihja sërish. vetëm e imagjinoja buzëqeshjen e saj... e qetë dhe e kaltër. ashtu më vinte ndër mend buzëqeshja e saj mua. po pse e kaltër? a ka buzëqeshje të kaltra? a ka ngjyrë buzëqeshja, tekefundit?!

— çfarë do të bëj unë tani në këtë fazë të jetës sime, është: unë do të trajnoj vetveten dhe do të perfeksionoj metodën e vetëkontrollit në situata maniako-depresive. nëse arrij të manipuloj me këtë energji maniakale, do të jem kaluar. nëse kjo energji psiko-depresive do të mund të kanalizohet në vija, apo vijaska pozitive, unë do të bëhem shkrimtare e madhe ose piktore e famshme, ose të dyja njëherazi. si mendon ti doktor? a mundet një vajzë inteligjente dhe e talentuar si unë të arrijë ta kontrollojë energjinë negative maniako-depresive dhe ta shndërrojë atë në vlerë e fuqi?

mos më thuaj "jo" doktor. kam marrë edhe mendimin e shumë të tjerëve më parë. ti nuk je qendra e botës, doktor! në fakt, ti doktor, nuk je as periferial në planetin tokë. unë do t'ia dal, doktor. do t'ia dal. nëse ti më pyet a kam më shumë dëshirë të mësoj ta kontrolloj apo ta kuroj këtë energji... do të preferoja ta kontrolloja më shumë se ta kuroja, doktor.

këtu zëri i saj u shterua. energjia për të cilën po fliste, sikur u venit. isha në ankth. në ankth si kurrë më parë. kisha frikë. frikë nga vetja, nga sëmundja, nga vajza që do të dilte nga minuta në minutë jashtë zyrës së doktorit.

– unë nuk dua barna doktor! askush nuk mund të më detyrojë të pi hape që nuk i dua. askush nuk mund të më ndalojë të shkruaj dhe të pikturoj. unë jam e talentuar... prandaj nuk jam bërë doktoreshë. kollaj të japësh barna me shkrim. mirupafshim!

jashtë binte shi. ajo hapi çadrën dhe, me hap të sigurt, nisi të ecte drejt bulevardit përballë.

– hej! – e thirra tërë frikë duke m'u dridhur zëri... – më trimëruat; edhe unë kam një talent, por kam frikë...

sytë m'u mbushën me lot. ajo m'u afrua dhe më hodhi dorën në sup.

– çfarë talenti keni?

– unë shkruaj bukur. unë shkruaj shumë bukur. më bukur se shumëkush, por kam frikë.

ajo më shihte me buzëqeshje. ishte e bukur buzëqeshja e saj. e kaltër, siç e kisha menduar.

– a shkruajmë bashkë një libër? – pyeta me ndrojtje.

ajo më vështroi në heshtje. ndoshta nuk i ndolla besim. apo ndoshta nuk kishte besim në vete...

– dua të iki nga vetvetja, – i thashë, – por kam frikë. nuk di ku të shkoj.

– eja me mua! – tha ajo, duke hequr këmbët zvarrë. – eja me mua! vdekja jonë do të kalojë në heshtje...

pjesa e katërt

"institut"

dera e tualetit ishte gjysmë e hapur. nga e hapura e saj, shihej pasqyra e madhe e vënë mbi një banak graniti të zi. pasqyra vetë ishte në kornizë të gdhendur lyer me varak ngjyrë ari. ajo sapo kishte mbaruar dushin dhe po thahej me një peshqir të madh. anët e peshqirit dilnin e zhdukeshin në të hapurën e derës, duke u tundur sipas lëvizjeve të saj. kur doli përballë pasqyrës, pjesa e trupit të saj dukej vagullt në qelqin me avull përsipër.

— unë të shoh nga këtu.

— jo.

— po. ja, tani po kalon peshqirin mbi flokë.

— po, atë po bëj, por ti nuk ke si më sheh.

— të shoh në pasqyrë.

— po tani çfarë po bëj?

— po luan dorën e majtë në ajër.

175

– po...

nxori kryet nga dera jashtë e foli buzagaz: – mirë që fole. sapo do të thaja pasqyrën nga avulli e do të bëja një çikë grim.

afroi pak derën dhe filloi të kalonte peshqirin mbi qelqin e pasqyrës. ndërkohë, kapaku i derës shkau ngadalë në pozicionin e mëparshëm. tash dukej qartë krejt. hidhte flokët sipër me dorën e djathtë e pastaj u shkonte me një krehër me dhëmbë të rrallë nga balli deri poshtë mbi shpinë. i tundte pak dhe e përsëriste të njëjtin veprim dy a tri herë. pastaj u shkoi lehtë sipër, me tharësen elektrike. ndërkohë fliste me mua.

nuk do t'i thoja më se dukej në pasqyrë.

– dhe ja, si po të flisja më herët... ajo ëndërr e çuditshme; sikur isha në një spital të para luftës botërore. me tavane të larta e me kaloriferë të mëdhenj prej gize në krah të shtratit. ishin tre burra aty dhe një motër infermiere. ajo motra kishte uniformë ngjyrë uji dhe buzëqeshjen prej lepuri. dy dhëmbë të mëdhenj të dalë para, i jepnin asaj pamjen e lepurit. ata burrat nuk e di kush ishin e çka donin aty. vetëm me njërin nga ata fola. ai foli me mua. më foli në vesh kur po dilte fëmija nga trupi im. "nuk do të lirohesh shumë, shih!" qeshte pa zë ai burri. qeshnin edhe dy të tjerët. mamia vetëm asistonte në lindjen time. tek më kërkonte të shtyja fort, t'i jepja vetes që të lindja shpejt dhe pa thikë, ajo më fërkonte kofshët dhe, hera-herës, më dukej sikur e shijonte atë veprim. sytë e saj, po në ngjyrë uji, ishin plot jetë. vetëm nuk ua dalloja as buzëqeshjen as inatin. nuk e di në fakt në kishin inat dhe nuk e di nëse kishin buzëqeshje. njëri nga burrat kishte një dhëmb të rënë. më duket se edhe njërin nga sytë e kishte të mbuluar me një si kapak të zi.

ndoshta edhe nuk e kishte. ndoshta unë vetë doja ta kishte. të dukej si pirat deti. ta urreja më lehtë. edhe ashtu e urreja, por doja ta urreja më shumë. më dukej si detyrë e imja ta urreja atë piratin. mamia bërtiste: "shtyj-shtyj! jepi! edhe pak dhe ia del. bebi ka filluar të shihet."

kush ishte bebi? nuk e dija se do të lindja. as e kisha menduar lindjen.

*

*　*

dita me vranësira të larta e i ftohti pranë ngrirjes, ma kishin mpirë krejt trupin. edhe shpirtin. dera e shkallëve aty poshtë tek hyrja, përplasej e përplasej pa ndalur. nervat e mia ishin tërhequr si cipë akulli. akull ishte dhoma ku mësonim. akull ishte edhe profesoresha që na jepte lëndën. ajo ishte diku nga mesi a fundi i të tridhjetave. flokët i ngjyente krejt gri. gri i kishte edhe sytë. përveç këtyre, edhe rrobat i zgjidhte gri së shumti. jo së shumti në fakt. përherë. një ditë, më pat' ftuar në shtëpi. shkova. nuk kisha ndonjë kureshtje ndjellëse a diçka, por as nuk ndieja se duhej të refuzoja. tha se shtëpinë e kishte jo shumë larg nga kolegji. gjithsesi më duhej të kaloja një orë në ambientet e kolegjit mbasi ajo, pra profesoresha, kishte edhe një orë mësimi pasi të mbaroja unë. mendova ta anuloja njëherë. t'i shkoja në auditorium ku jepte mësimin dhe t'i thoja faqe studentëve se po ikja në shtëpi. isha e lodhur dhe doja të vrapoja që të mbërrija në shtëpi sa më parë. pashë orën. nuk ia vlente ta anuloja. i pata premtuar. jo se kur premtoj e mbaj. në fakt, njihem që nuk i mbaj premtimet. i thyej. më pëlqen kur i thyej premtimet. më vjen si ngazëllim nga poshtë lart. deri në tru më ngjitet nxehtësia. avujt e alkoolit më së shumti më shtynin ta thyeja premtimin. atë ditë, profesoresha gri ishte me fat. në kampus të kolegjit nuk lejohej alkooli. kishte po ta kërkoje, por nuk e kërkoja, pasi nuk i njihja nga afër studentët që bënin kontrabandën. vetëm një njihja e ai ishte i shpifur. fytyrën plot puçrra e kokën e madhe. sa herë e shihja më vinte për të vjellë. nuk di pse përherë më vinte sikur po bënim seks unë e ai dhe ashtu më lëpinte me gjuhën e bardhë e dhëmbët e verdhë... volla një herë. pranë shemshirëve tek dritaret e bibliotekës. volla në të vërtetë. ai dhëmbëshkuluri, nuk m'i ndante sytë. ai tjetri që më pat' folur në vesh, ishte përherë buzagaz.

*

* *

kukullat e vajzës së vogël, ishin të panumërta. disa ishin prej qelqi, disa prej leckash të pista e të tjerat ishin vetëm fletë metalike të prera në format kukullash. kukullat e leckave të pista flisnin me motrën medicinale, kukullat e qelqit ndriçonin mendjen tonë. ato metaliket vinin nga një kohë tjetër dhe nuk shoqëroheshin me asnjeri. ato bënin rojë. kukulla roja.

motra medicinale dhe unë nuk grindeshim a diçka, por nuk i besonim njëra-tjetrës fare. ajo përherë mendonte se mund të luante me mendjen time. edhe kukullat nuk i besonin motrës medicinale... ajo pra, motra medicinale, na rrinte me tabakanë plot hape mbi kokë. përndryshe gjithçka tjetër shkonte mirë e bukur.

vetëm më tmerronte nata, dhe aroma e barnave. kishte ilaçe dhe natë gjithmonë aty, aroma të qelbura. shumë motra dhe shumë shtretër hekuri në dhoma të mëdha si të paraluftës. dhoma bosh, vetëm me shtretër hekuri si skelete njerëzish të vdekur dhe kryqe të mëdhenj prej druri lyer me vernik të errët. flitej se çdo ditë sillnin njerëz të tjerë dhe çdo natë ata zhdukeshin.

kukullat tona ishin si princesha. secila kishte ushtarët e vet prej fletësh metalike nga një kohë tjetër dhe as i druheshin fare doktorëve a motrave. kukullat pinin ilaçet e mia. ja, kështu ia dilja të mos zhdukesha për fare, si ata njerëzit që sillnin çdo ditë dhe i përpinte nata. e ndieja që motra me sy dhe uniformë ngjyrë uji, donte të më shihte të zhveshur, por unë ia jepja atë kënaqësi vetëm kur lindja apo operohesha. ajo më vinte duart ndër kofshë dhe i ndrinin sytë prej uji: "jepi, shtyj fort! dhe pak dhe bebi del." bebet e mia ishin kukullat e mia. ato nuk rriteshin kurrë. asnjëherë nuk sëmureshin e as vdisnin. vetëm unë sëmuresha nganjëherë. kisha dhimbje të forta koke për orë e orë të tëra. një burrë i madh, më thonin kukullat roja, më shponte me gjilpëra dhe më shpinte në një vend tjetër. atë vendin tjetër e quanin "institut". në "institut" nuk e kujtoj mirë çfarë ndodhte. vetëm kukullat roja më flisnin e më vinin natën në gjumë. dhimbjet e tmerrshme që kisha, nuk lejonin të dëgjoja çka më thoshin. kur më lironin nga "instituti", motra medicinale priste përherë poshtë me një veturë në formë breshke ngjyrë të kuqërreme, dhe qelbej era duhan. motra fillonte të më tregonte çfarë kishte ngjarë me mua e kukullat e mia ndërkohë që unë isha në "institut". unë, sa largohej ajo, i shkruaja të gjitha. do të t'i tregoj të tëra ty, por ngadalë-ngadalë... ngrehu tash të dalim! hidh një pallto krahëve se bie shi e bën ftohtë. do të shkojmë me taksi. dua të dehem sonte.

Saiti

ishte vetëm tetëmbëdhjetë vjeç kur e patën thirrur ushtar. në marinë e çuan. në Vlorë. ishte me biografi të mirë, kështu që do të hante tre vjet. "më mirë si ti, me biografi të keqe", i thoshte ai Ruzhdiut, shokut të tij më të ngushtë. Ruzhdiun e kishin caktuar në një repart ushtarak që kryente punime xheniere. "as pushkë nuk më kanë dhënë", i thoshte ai Saitit me të qeshur. "vetëm një prej druri e me të na mësojnë se si ta luftojmë armikun trup me trup." gajaseshin të dy.

vitin e parë, Saitin e lanë vetëm një herë me leje. pesë ditë. nuk i hynë në sy fare. "më parë mbarojnë se fillojnë", thoshte ai. kaluan ca kohë dhe familja e Saitit nuk po merrte letra nga i biri. pasi priti gjatë Kasëmi, i ati i Saitit, vendosi të shkonte vetë në repart. atje poshtë në Sazan. nuk kishte qenë kurrë në jug Kasëmi. kurrë përtej Tiranës. edhe në Tiranë kishte qenë vetëm dy herë. një herë me Nafijen kur ishin martuar, dhe një herë tek doktori i syve për të bërë një operacion.

u nis në sabah. rruga me tren e mërziti shumë. rrababum-rrababum, i ushtonin veshët. kur mbërriti në Vlorë, shkoi drejt e tek shtëpia e oficerëve. ashtu e drejtuan ca vlonjatë që pyeti në rrugë. atje, tek shtëpia e oficerëve, i thanë se nuk mund të shkonte në Sazan pasditeve, se nuk lejohej.

vajti në qendër të qytetit e ndonëse kishte shqetësim për të birin, vendosi që, atë pasdite, ta shfrytëzonte duke parë sa më shumë të ishte e mundur nga Vlora. së pari zuri dhomë, në një hotel të mirë. më i miri në Vlorë, i thanë për atë hotel. edhe hoteli e kishte emrin "Sazani". ishte mu në qendër të qytetit. u soll vërdallë nëpër qendër nga frika se mos humbte rrugën fshatari i shkretë dhe u kthye në hotel. u ngjit në katin e tretë, u la e u pastrua dhe zbriti në katin e parë e u rehatua në restorant. ishte një çikë më shtrenjtë se gjetiu, por ia kish' bërë hallall që pa u nisur. kishte marrë me vete mjaft të holla, për vete dhe për të birin. ngjala. ngjala hëngri, sa u shqep. një nga kamerieret e serviri sikur të ishte princ. "jam nga anët tuaja", i tha. "nga Mati. jam e martuar me një oficer, prandaj jam këtu." e daroviti mirë matjanen e u ngjit lart.

natën s'bëri gjumë të thellë, ngase nuk ishte mësuar të ndërronte dyshek. u ngrit sa zbardhi dita e mori rrugën për Sazan. kur mbërriti tek skela e ishullit, e ndaloi ushtari i shërbimit. "prit këtu xhaxha", i tha ai, "sa të vijë një oficer të të ndihmojë!"

priti e priti, kur një oficer i shkurtër sa një fëmijë, u duk në qoshen e një barake druri. u përshëndetën dhe, pasi i tregoi se ish' bërë merak për çunin, i tha se nuk donte ta vononin shumë, mbasi do të kthehej sa më shpejt në veri nga kish' ardhur. oficeri nuk e priti ngrohtë. i tha se nuk e njihte djalin e tij personalisht dhe se do të fliste me dikë tjetër te komanda që të mund të bënin diçka. ktheu shpinën oficeri dhe u zhduk.

priti Kasëm-shkreta edhe një orë të tërë, deri kur erdhi një kapter. ai i tha se nuk kishte mundur të lidhej me të birin, por i kishte çuar fjalë dhe ai duhej të priste, mbasi ushtarët ishin në stërvitje dhe ktheheshin pasdite nga ora tre.

u ul mbi një gur Kasëmi e një ndjenjë e keqe ia shtrëngoi zemrën. më pas, u ngrit në këmbë dhe iu afrua ngadalë ushtarit që e kishte ndaluar kur kishte ardhur në ishull. nuk i dukej fytyrë e keqe ai. në fund të fundit, ushtar si Saiti ishte edhe ky. ushtari i tha se nuk e njihte Saitin, kur e pyeti Kasëmi. "nuk e njoh o xhaxha. jemi shumë këtu. secili rri me të anës së tij. tarafe-tarafe është këtu", vuri buzën në gaz ushtari, iktheu shpatullat Kasëmit e u largua duke i hedhur hapat ngadalë-ngadalë.

ra ora tre dhe askush nuk po afrohej. askush. ushtarët e shërbimit ishin ndërruar dy herë dhe secili nga ata kishte një përgjigje kur i pyeste për të birin. "nuk e njohim xhaxha. nuk e njohim."

u nervozua, por nuk e dha veten. mbas shumë e shumë përpjekjesh, e shoqëruan te komanda. atje e pritën dy oficerë. i thanë të ulej. njëri nga ata iu ul përballë e tjetri qëndroi në këmbë.

— shoku Kasëm, — ia filloi ai që ishte ulur përballë, — sot nuk do të mund të takohesh me djalin.

Kasëmin gati e la zemra. u zverdh e u zbardh dhe po i zihej fryma.

— pse? si e kam djalin? a është mirë? pse nuk mund ta shoh sot? po nesër? a do ta shoh nesër që në sabah?

ata shihnin njëri-tjetrin dhe nuk nguteshin në përgjigje.

— po, ndoshta po, — murmuriti njëri.

as që e dalloi cili foli. i ishin errësuar sytë.

— po tani, ç'të bëj tani?

— ik në qytet! — i thanë, duke drejtuar dorën nga Vlora. — ik dhe të kontaktojmë ne tek hoteli nesër paradite. mos e merr rrugën kot.

"mos e merr rugën kot"... kjo nuk iu hoq nga mendja Kasëmit tërë natën. nuk vuri një minutë gjumë në sy fukarai. herë mpihej e herë shkrehej në vaj. një ngërç në zemër ia ndalte frymën pothuaj. ç'të kishte djali? a thua mos ishte zënë me dikë dhe ishte lënduar? apo mos ishte sëmurë në spital? pse nuk ma thonë xhanëm? pyeste e pyeste veten pa ndalim i gjori, por përgjigje nuk kishte.

nga orët e vona të natës, s'pa tjetër, veç mori drejtimin nga Kibla e filloi t'i lutej Zotit. me zë të ulët, u lut me lot ndër sy. i dridhej gusha. "oh Saiti i babës!"

askush nuk u duk deri nga dreka. ai nuk kishte lëvizur këmbë nga hoteli, nga frika se dikush mund të vinte dhe të ikte pa e takuar. as bukë s'kish' vënë në gojë. vetëm kishte pirë kafe. shumë kafe.

— një oficer dhe një civil të kërkojnë poshtë, — i tha një grua, punonjëse e hotelit. zbriti me vrap. u përshëndet me ta.

— po çunin ku e kam? pse s'e sollët?

ai civili, një shkurtabiq me kostum gri të çelët e me barkun para, i vuri dorën pas shpine dhe e tërhoqi nga dera. oficeri i ndoqi ngadalë nga pas.

— shiko, sot nuk do ta takosh djalin. ashtu është puna.

— po si e kam djalin? a ka ndonjë problem me shëndetin? a është mirë me të gjitha? pse nuk ma nxirrni?

— shsht! ule zërin, — i tha shkurtabiqi duke shtrënguar nofullat. — ja! merre këtë adresë të Tiranës dhe do të shkosh atje nesër në orën njëmbëdhjetë paradite. do të të flasë një oficer i lartë i sigurimit.

— i sigurimit? po pse i sigurimit? ç'punë kam unë me sigurimin? as djali im nuk ka punë me sigurimin. ai është ushtar në marinë e jo në sigurim.

barkaleci shkurtabiq, thartoi fytyrën dhe i bëri me shenjë oficerit të merrej me Kasëmin. vetë iku pa e përshëndetur jabanxhiun.

e nesërmja do të ishte një vit larg për Kasëmin e gjorë. mori trenin dhe u nis për Tiranë. zuri vend tek hotel Vjosa, mu në qendër të Tiranës. aty poshtë në bodrumin e hotelit, ishte një restorant. si tavernë dukej. kutërbonte erë birrash. Kasëmi nuk pinte fare, por edhe sikur, nuk i vihej gjë në gojë. vetëm porositi një supë e një pilaf. të nesërmen do të shkonte tek Ministria e Punëve të Brendshme.

atje e ndaluan tek dera dhe, kur paraqiti letrën që i kishte dhënë shkurtabiqi me kostum gri në Vlorë, i thanë të priste vetëm pak, se dikush do ta takonte patjetër. si më mirë se në Vlorë iu duk se e pritën.

mbas një gjysmë ore, një mesoburrë e ftoi ta ndiqte për në zyrë. i dridheshin këmbët e me zor merrte frymë.

– uluni! – i tha ai, duke tërhequr një karrige. – tashti, – ia filloi zyrtari, – ju keni një çun shumë të mirë. që nga dita e parë e deri më sot, ju ka nderuar me sjelljen e tij.

Kasëmit filloi t'i shkrihej gjaku. u ngrit, e mori në qafë zyrtarin dhe e falënderoi duke i rrjedhur lot nga sytë.

– por, – vazhdoi ai, – ka një diçka pak të ngatërruar, që ju duhet t'i jepni shpjegim vetë. ju jeni njeri i zgjuar dhe disa gjëra duhet t'i kuptoni pa qenë nevoja të ndërhyjë Partia apo sigurimi i shtetit. besoj më kuptoni, apo jo Kasëm?

– jo. asgjë s'po kuptoj, – tha Kasëmi me zë të dobët. ishte në konfuzion të plotë. bota po i rrotullohej. nuk dinte si të reagonte ndaj fjalëve të zyrtarit.

– dëgjoni Kasëm, – vazhdoi ai, këtë herë me zë të trashur. – djalin e keni shëndoshë e mirë. tashti, kjo duhet t'ju mjaftojë. të tjerat do t'i kuptoni vetë më vonë. tani ikni dhe vetëm një këshillë do t'ju jap: mbylleni gojën! ndryshe kalbeni në burg. ikni tani në shtëpi! nga ky moment, çështjen tuaj e ka në kujdes dega e Ministrisë së Punëve të Brendshme, Shkodër.

një polic e shoqëroi Kasëmin deri tek dera e jashtme.

dy javë më vonë, një Skodë dhe një Ifa, parkuan para shtëpisë së Kasëmit.

– shpejt, shpejt, – thërriste një polic i zeshkët e i thatë. – luani vendit, armiq të qelbur!

asnjë nuk fliste. i kishte porositur Kasëmi të gjithë që ta mbanin gojën mbyllur. ngarkuan për një orë të gjitha ç'kishin, u ndanë me familjen e të vëllait me të cilën jetonin në një kulm. edhe të qanin, s'qanin nga frika.

— për ku? — e pyeti Xhemali, vëllai i Kasëmit policin.

— Tepelenë, — tha ai duke u kacavarë në spondën e mbrapme të Skodës.

mbasi punët ndërruan, Kasëmi s'la gur pa lëvizur, por kurrë nuk mësoi ç'u bë me të birin. u shkrinë e u tretën burrë e grua... nuk lanë mërgimtarë pa pyetur nëse e njihnin të birin, se mos e kishin parë a mos kishin dëgjuar për të. asgjë...

as vorr!

jabanxhi

mori kodrat me vrap. ishin kodra të thata shkëmbinjsh ngjyrë të murrmë. ndonjë pishë shatorre aty-këtu, këpuste ndoca monotoninë dhe piklonte cikla jete mbi gurët e nxehtë të gushtit. fabrika e tjegullave ishte matanë kodrave, pranë një katundi të vogël me emër të çuditshëm, Rrenc. goja i qe tharë e trupi i djersinte çurg. herë-herë e lëshonte këmba a i rrëshqiste çaklli poshtë dhe lëshohej mbi gurë, binte. ngrihej ashtu e gjakuar e fillonte risht' vrapin. mendimi se mund ta gjente të vdekur burrin, e tmerronte. i erreshin sytë e i tkurrej diçka poshtë barkut... boshllëk.

kur mbërriti majë kodrës, desh iu mbajt fryma. atje poshtë, shtrihej një trupë gjigante betoni. ca automobila të mëdhenj të shëmtuar parkuar në një rrethim me mur e tela me gjemba. ishte parku i Tatrave e, ndanë tij, një punishte e mirëmbajtjes dhe riparimit të armëve. zona ishte tejet e militarizuar. bri kodrave, ishin nja pesë a gjashtë reparte speciale ushtarake.

fabrika e tjegullave ishte tej, në të djathtë... larg. ajo ishte me seksione ngrehinash, si stalla bagëtish. ndër ato gërmadha, prodhoheshin tjegullat e nxehta.

këmbët zunë t'i dilnin jashtë kontrollit e rreziku i theqafjes ndër shkrepat e thatë e të nxehtë, rritej. po i afrohej fabrikës. sa më shumë afrohej, aq më tepër i rritej ankthi, frika.

"o Zot i madh, jo!", thirri me zë, kur pa një grumbull njerëzish në rrugë pranë një autoambulance lyer me të verdhë e të kuqe, si të ishte qerre kineze. nga fabrika drejt rrugës, një karvan me njerëz që nxitonin me shkalca në duar drejt automobilit spitalor. thua të kenë qenë shumë të dëmtuar? të kenë vdekur vallë?

*

* *

mbas varrimit të burrit, Lena shkoi në katund të vet, diku në jug të vendit... nuk u kthye më. atje gjeti një burrë vejan, të cilin e kishte dashur në rini. më vonë, të dy, thuhet se vdiqën në Greqi në aksident me motor. askush nuk dinte gjë me siguri.

Lena nuk u kujtua kurrë për burrin e varrosur në atë katund të Shkodrës, ku nuk kishin asnjë të njohur. askush nuk ia vizitonte varrin burrit të vetmuar...

*

* *

katundarët pyesnin njëri–tjetrin se kush qenë vallë këta njerëz? pse i sollën nga jugu në këto anë? ca thoshin se qenë grekë minoritarë të internuar... disa të tjerë, mendonin se ishin spiunë të policisë sekrete. kishte nga të dy llojet në atë katund përzierjesh. një fëmijë i mbrapshtë, u thoshte të gjithëve se e kishte parë Lenën sa e sa herë me operativin e sigurimit të zonës, duke u puthur e duke bërë turpe tek ullishtja, poshtë mokrave bri Kirit, pranë urës me tela... roja i vreshtave përdridhte mustaqet kur flitej për Lenën dhe lironte një nënqeshje prej bandilli.

letra nga shpija

ishte ftohë, shumë ftohtë atë funddimër...

moti erdh' e u zbut ngadalë dhe retë zbritën poshtë të vdekuna. gri e njëtrajtshme. ishte buzëmbramje kur po kthehesha nga puna e një frikë më kaploi. frikë e pakuptimtë. por frikë gjithsesi.

me gomën e parë të biçikletës sime të vogël shtyva me mundim kapakun e stërmadh të derës së oborrit. trokita me shpejt dorezën e vjetër metalike mbi pllakën e hekurit. yt atë largoi koltrinën e dritares dhe mbështeti hundën mbi xhamin akull. pa një pa dy, mbërriti me vrap. hoqi vrik çantat nga timoni i biçikletës, i vërtiti me njërën dorë dhe me tjetrën zuri timonin. e hoqi biçikletën zvarrë ngadalë, deri te ahuri.

*

* *

zjerrmi në shporet bubulonte. "eshkë, eshkë e mbajnë flakën drutë e lisit", foli gjyshja jote me buzën gaz, duke ba më kambë. "hallall bakshishi Selimit... na, ulu pak në minder pranë shporetit e merr një t'nxehtë!" foli ajo tek shtyu pak më poshtë, duke përzier mjaltin në filxhanin e çajit. yt atë na shihte i qetë tek bisedonim me njëra-tjetrën dhe dridhte cigaret për të nesërmen.

"ç'i ke gjitha këto o burrë?"

"mot bore", foli ai shkurt. "nesër do kena shumë borë".

"zogjt' janë ulë poshtë", foli gjyshja, "retë u lëmuan e t'ftohtit u ba tamam për borë. Zot hair!"

kaq foli plaka e mirë e hovi në kambë. "natën e mirë. ju rujt Zoti!" hodhi hapat e lehtë kadalë-kadalë drejt odës së gjumit, e lehtë si pupël.

"kena pak mish të thatë dhe groshë", foli yt atë, "ta shtrojmë tavolinën? thek dy a tri rriska bukë!" u ngrit pa pritur përgjigje...

*

* *

kisha ftohtë si duket dhe u zgjova duke u dridhë. shpresoja të ishte pranë agimit. por jo, ishte veç pak mbas mesnate. u ngrita të shtoja edhe një batanije. më zu një dhimbje beli. e fortë, si gjylpana. u ula mbi minder pranë shporetit që ende ruante ngrohtësinë. m'u përzie. u ngrita me vrap, por s'e kapa banjën e volla. volla disa herë rresht. u çua yt atë. më zu shpatullat e më mblodhi pranë vedit. butë-butë, duke më pëshpëritur ambël në vesh: "nuk ke gja. ka me t'kalue." më puthte ngadalë mbi ballë e në flokë... "n'dashtë Allahu, kësaj here djalë!"

ndala frymën. as që e shkova në mendje më parë. fare. një lamsh i nxehtë m'u pështoll në bark e u ngrit nalt drejt krahënorit. qafa, fytyra e sytë, m'u ndezën. mbështeta faqen mbi gjoksin e t'yt eti e i fola ngadalë ashtu e kapur për beli: "djalë e kemi... djalë."

...

qe si të ndjeva së pari shpirti i nanës. më ka tha malli. e kam ruejtë këllëfin e jastëkut tand e i marr erë tasheparë.

të puth nana.

një natë në librari

sapo qeshë kthyer nga pushimet e dimrit. kisha edhe tri ditë të tjera për të rifilluar mësimin. ditën e parë, lava rrobat që prisnin në kosh që para se të ikja dhe desha t'i futesha pastrimit të apartamentit, por ndërrova mendje.. unë e ndaja apartamentin me dy vajza. ato kishin dhomën e tyre, unë timen. kuzhinën, banjën dhe dhomën e ndenjjes, i kishim për përdorim të përbashkët. pse ta pastroja unë? ato duhej ta pastronin, kështu pat' qenë pakti në fillim.

të dyja ishin dembele. njëra quhej Viki e tjetra Viola. Vi dhe Vi i thërrisja. ishin nga Rumania. Viki ishte e re. kishte ardhur për studime në Londër me bursë nga një organizatë ndërkombëtare, fill mbas mbarimit të shkollës së mesme; ndërsa Viola dhe unë, ishim diku shtatë a tetë vite më të moshuar nga ajo. Viki studionte ekonomi, ndërsa Viola, kishte mbaruar shkollën e arteve të bukura për pikturë. nuk shiheshim shpesh. as ato të dyja nuk bëheshin dhe aq me njëra-tjetrën, por shkonim mirë dhe, kur na binte të mblidheshim, merrnim diçka për të pirë tek dyqani në qoshe të rrugës, ca patatina, e ndonjë film me qira. shihnim të tre bashkë filmin, dhe konsumonim biseda lloj-lloji. të dyja ishin bisedare të rralla. Viola kishte pasion pikturën, e Viki ishte plot energji e humor. të dyja vinin nga familje të kulturuara. flisnin me respekt për prindërit e tyre, por nganjëherë, edhe i thumbonin me humor për mungesën e kurajës qytetare përgjatë kohës së diktaturës komuniste të Çausheskut.

bisedat për diktaturën dhe diktatorët, patën qenë ushqimi kryesor që i mëkonim njëri-tjetrit në ato fillime. më vonë, të gjithë ishim dakord ta zinim sa më rrallë në gojë atë kohë të errët. më së shumti flisnim për qytetërimin anglez, librat e shkrimtarët. nganjëherë, lexoja paraprakisht ndonjë shkrim për ndonjë piktor, që ta bisedoja më vonë me Violën.

*

* *

pushimet i kalova në Spanjë. kisha një lidhje atje. një mik imi kishte dy shtëpi dhe më pat' ofruar çelësat e njërës. ishte bri plazhit të Almerias. shtëpi pushimi. kalova plot shtatë ditë atje. ndonëse Almeria nuk është e ftohtë në dimër, prapë një xhaketë krahëve duhej. kisha gjetur një kafene, ku shkoja përditë mëngjeseve me libër në dorë, dhe porosisja çaj në filxhan të madh. spanjishtja ime nuk ishte e nivelit të kënaqshëm, por e mjaftueshme për të mbyllur një bisedë kafeneje. ndoshta edhe diçka më shumë. isha i interesuar ta ushtroja gjuhën e, kësisoj, mezi ç'prisja të hapja biseda; nganjëherë pa lidhje, veç sa për të folur.

qeshë regjistruar gjithashtu në një kurs njëjavor për spanjishten. e kisha prenotuar që në Londër. Almeria, është qytet i vogël dhe gjallëria e tij bie tmerrësisht gjatë dimrit. por mua ashtu më pëlqen më shumë. vendi i kursit ishte rreth njëzet-njëzet e pesë minuta më këmbë nga shtëpia apo kafeneja. ecja me dëshirë. flladi më rrihte fytyrën e më sillte një gjendje frymëzimi. ishim vetëm katër studentë. zonja që do të na trajnonte në spanjisht, ishte diku në mes të dyzetave. dukej plot vitalitet e shkathtësi. flokët pak të thinjur, dhe gjyslykët, i jepnin paraqitje të rëndë dhe pamje intelektuale. dukja e saj e fisme, e bënte karizmatike. buzëqeshte pa pushim e, dhëmbët e mëdhenj e të bardhë, e bënin akoma më joshëse.

një ditë, dy e tri; ditën e katërt profesoresha na ftoi për drekë. u rehatuam në një tryezë elegante, tek një restorant i hijshëm e i thjeshtë. mbasi porositëm ushqimet e pijet, ajo filloi të na fliste për veten. nganjëherë ndalej, dhe alternonte me ndonjërin nga ne. "po ju? na thoni diçka! çfarë bëni?"... dhe pyetje të tjera të këtij lloji.

kur fliste për veten, përqendrohej më së shumti tek rezymeja e saj intelektuale. për jetën e saj private nuk jepte detaje, por kërkonte nga të tjerët. na pyeste të gjithëve hollësisht.

*

*   *

dita e pestë. isha ulur në karrigen time të përditshme, te kafeneja e zakonshme. pija çaj dhe shfletoja një libër me poezi të Nerudës. ndjeva që dikush ishte afruar tek tavolina. ngrita sytë, Barbara. s'e di pse, por nuk u habita!

— mirëdita!

— mirëdita!

— më the dje që çdo ditë vjen këtu për çaj e lexim. mendova se mund të vija e të mbysja sadopak vetminë, — tha ajo duke lëvizur karrigen.

— vetminë? pse e vetmuar zonja Sloson?

— Sloson?! — buzëqeshi dhe shtoi: — thirrmë Barbara!

— Barbara.

— faleminderit! çfarë po lexon? ah, poezi... — buzëqeshi dhe thirri kamerierin. — një skoç të lutem! *J&B.*

...

— nuk konsumon alkool?

— rrallë, — i thashë, — shumë rrallë; sa për të mos thënë kurrë.

— kam një dëshirë, sonte të hamë darkë bashkë. ke kundërshtim? jo tek shtëpia ime. diku tjetër. mos thuaj "jo"!

mendova se s'kisha arsye ta refuzoja. buzëqesha butë dhe i preka lehtë trinën e dorës, duke tundur kokën në shenjë pohimi.

Barbara dukej ndryshe në kafene. si në ankth, por më pëlqente mënyra si i përdorte të kombinuara buzëqeshjen fantastike me shikimin pak lozonjar. sytë e saj të ndritshëm, reflektonin më shumë zgjuarsi se mirësi... por sy si ata, zor se sheh njeriu. aq të bukur!

papritmas, fillova ta shihja me dëshirë profesoreshën. u mundova ta imagjinoja me flokët e lyer, dhe buzët me të kuq. do të dukej më e re? më e bukur? ia hoqa me imagjinatë gjyslykët, por ia vura prapë vrik. nuk m'u duk interesante pa to.

mbathte këpucë me taka të holla të larta e çorapë shumë të hollë të zinj; kështu, dukej tejet elegante. fundi pak i shkurtër i vinte në ndihmë t'ia zbulonte kofshët aq sa të tërhiqte syrin e bashkëbiseduesit.

— a lexon shumë?

pa pritur përgjigjen time, theksoi se autori i saj më i preferuar, ishte Dostojevski.

— lundroj në librat e tij. e gjej veten kudo. edhe në personazhet meshkuj, — buzëqeshi lehtë. — më pëlqejnë meshkujt, — shtoi, duke më hedhur një shikim ndjellës. atë shikimin që çdo mashkull e sheh si dëshirë. "po flirton", mendova.

— ma merr mendja. jeni aq elegante dhe e zgjuar Barbara. meshkujt, sigurisht, nuk i shpëtojnë tundimit, fola duke ndier një lloj nxehtësie poshtë barku. për një moment mendova se po shpejtoja, por sytë e saj ishin ndezur tashmë. ndoshta ashtu e pëlqente. drejtpërdrejt. gratë qejflesha, e llogarisin mirë kohën. nuk kanë durim për lajka kur shohin pasion e impuls. nuk mendojnë për jetëgjatësinë e aventurës, por thuken n'epsh vrik.

— dukeni që e keni veten nën kontroll, — i thashë për ta provokuar. — jeni e qetë?

— nuk e di. je kurioz? a e di si më duket jeta mua? çast! çast i gjatë, ku futen qindra orë e ditë të errëta e të ndritshme. të ftohta e plot pasion. dëshira pa fre. meshkuj, po meshkuj. a njiheni me Frojdin?

buzëqesha lehtë, biseda po kalonte nga interesante, në shumë interesante. intrigohem lehtë nga njerëz të çuditshëm. Barbara dukej e tillë. nga ato që të sheh në sy e të thotë: "e dua tani", ose të hidhet e të mbulon me puthje plot zjarr, ashtu papritmas e ti nuk ke kohë për të menduar a dëshirë për të refuzuar. u drodha lehtë, nga frika se mos ma lexonte mendimin. biseda u ndez. nuk pata nevojë të hamendësoja shumë si do të ishte darka, e nata pas saj...

*

*   *

mbasi isha rehatuar në restorant për drekën, më ranë ndër mend fjalët e Barbaras.

"çast! çast i gjatë... me ditë me dëshira pa fre... me meshkuj."

ditët më të bukura janë ato në librari. një prekje e lehtë në bërryl, dhe lëvizja lozonjare e belit tek ngrihet nga karrigia për të ikur.

— do të darkojmë mes librash, — tha, duke më kthyer shpinën. *extravagancia amigo*!

e ndoqa me sy plot dëshirë, derisa doli nga kafeneja.

— keni peshk të freskët? — pyeta kamerierin.

— po. nga akulli.

— çfarë do të më këshillonit të haja?

— çfarë peshku? ngjala. ngjalat i kemi të shijshme… nga Portugalia vijnë. më të mirat në botë.

i buzëqesha, dhe luajta kryet në shenjë aprovimi.

ngjalat ishin vërtetë të shijshme. nga aty, shkova drejt e në shtëpi. u shtriva në shtrat, e ashtu zbuluar siç isha, më kishte zënë gjumi për plot dy orë.

kur u ngrita, u lava, u rregullova dhe u vesha shik. kisha sjellë me vete një kostum, e një pallto të bukur e të gjatë, ngjyrë gri të errët. kravatat i zgjedh vetë përherë… nuk i kombinoj me asgjë. kështu më pat' këshilluar një mikja ime në Londër, *miss* Klugh. "ti nuk duhet të jesh i lexueshëm apo i parashikueshëm. ti je i veçantë…" më mbërthente nga jaka e xhaketës kur thoshte kështu, dhe mblidhte buzët shuk e përkëdhelej. kështu ishte Klugh, lozonjare.

*

* *

po errësohej! mora rrugën dalëngadalë për nga qendra e qytetit. në xhep kisha kartëvizitën e Barbaras. e rrotulloja me dorë në xhep pandalshëm e me nervozizëm. hidhja hapat avash. nuk doja të djersitja… pyeta një kalimtar për adresën. "ja, mbas monumentit të Karlosit", tha. pashë orën. isha tridhjetë minuta herët. rrotullova sytë dhe gjeta një kafene me karrige e tavolina jashtë.

zura vend dhe mora një kafe kolumbiane. kafeja kolumbiane është shumë e fortë. ashtu e doja. mendja më rrinte tek *miss*. Klugh. pse mendonte ajo se isha i veçantë? ç'ishte kjo veçanti që nuk ma thoshte kurrë? asnjëherë! më pështilleshin në mend të dyja. kishin diçka të përbashkët që nuk po e gjeja! përveç formës identike të trupit, asgjë tjetër nuk puqej. Klugh ishte tjetër. me të mund ta zgjasja sa të doja, pa drojën se do të fyhej a largohej. kurse Barbara dukej ndryshe. këmbëngulëse dhe shumë kërkuese. e drejtpërdrejtë. ato nuk ngjisnin përfundimisht. unë. unë ngjisja. unë isha emëruesi i tyre i përbashkët; isha unë ai që ato kishin të ngjashme, dhe dëshira ime e ndezur për të dyja. ndonëse Martha Klugh ishte gjëja më e bukur në jetën time, Barbara Sloson ishte gjithçka për mua atë natë. apo isha unë krejt i saji? më kishte fituar.

…

më zuri frika. nuk e di, ndoshta jo frikë, por ankth. doja ta takoja Barbaran aty për aty. ndjeva nevojë të lexoja në sytë e saj përgjigjen që nuk merrja nga Martha. ndoshta një e huaj, mund të reflektonte më kollaj. Martha Klugh m'i njihte dhëmbë e dhëmballë. pagova dhe e lashë kafenenë…

adresa në kartvizitën e *miss*. Sloson, më shpuri përballë një librarie. hyra, dhe pashë plot njerëz duke u vërdallosur nëpër librari me libra në duar. njerëz të veshur mirë e të qeshur. u solla për ca minuta, duke menduar se ajo do të më gjente vetë, mbasi nuk e kishim detajuar takimin.

− për dhjetë minuta e mbyll librarinë, − më foli nga mbrapa. − po deshe, shko pi një kafe tek ajo atje, − dhe drejtoi gishtin nga kafeneja që porsa kisha lënë.

diçka nuk shkonte në fytyrën e saj… dukej e pasigurt, nervoze. ajo buzëqeshja e ditëve më parë… dhëmbët e mëdhenj e të bardhë, sikur nuk shkëlqenin si më parë. apo më dukej mua? mos isha unë i pasigurti e nervozi? një gjë e dija veç: e doja me patjetër atë grua atë natë. shihja zjarr në sytë e saj. tunda kryet, dhe i thashë se do të kthehesha për dhjetë-pesëmbëdhjetë minuta.

*

* *

ishte pesë e mëngjesit kur u zgjova. rrethuar me libra. mijëra libra… futa këmishën në pantallona, vura kravatën e verdhë, dhe fillova të hidhja hapat pa veshur mirë këpucët. mora drejtimin nga dera. nga ana tjetër e ballinës së librarisë, qëndronte në këmbë Barbara. mbante në dorë një filxhan kafeje dhe kishte humbur shikimin diku tej.

— po largohem, — fola me zë të ulët. — sonte do të iki në Madrid… nga aty do të nisem për në Londër.

dielli që u binte përballë xhamave të librarisë, i jepte asaj një pamje përrallore. ashtu, me këmishë nate të kaltër, e hollë dhe me flokët shpupurishur duke pirë kafe e thithur cigare...

— dukesh si poezi Barbara... si poezi e Eseninit!

ktheu ngadalë kokën nga unë, buzëqeshi me përtesë, ngriti dorën që mbante kafenë lart e nuk lëshoi zë. mbajta me kujdes derën që po mbyllej mbas shpatullave të mia se mos përplasej. po largohesha në heshtje... si përherë.

më hipi në tru një nxehtësi që ma përkedheli mendjen. si thoshte Klugh? "nëse jo i veçantë, i çuditshëm patjetër"… ndihesha me sedër të përkëdhelur. Barbara qe e lëngët. si qershi!

*

* *

Viki e Viola, erdhën e më gjetën shtrirë në kanapenë e dhomës së ndenjjes… kishin sjellë ëmbëlsira nga Rumania. dukeshin entuziaste…

mua nuk më hiqej mendja nga ajo natë e çuditshme. imazhi i Barbara Slosonit më rrinte para sysh. e trishtuar, ndonëse shumë e bukur. në shtrat e mahnitshme. nuk u përshëndetëm kur u ndamë. në të vërtetë, ashtu deshi ajo, por edhe unë s'do të kisha dashur ndryshe. qetësia në fund të një aventure, është mbresë. nuk shqitet nga kujtesa. aroma e parfumit të saj "*Waltz*", më rrinte në hundë. harkimet e trupit e avulli i thirrjeve të mbytura, ishin të një klasi më vete. çdo gjë tani, ishte e mbështjellë nën mëndafshin e kujtesës. përgjithmonë...

— Viola! a mund ta pikturosh imagjinatën time?

— jo. por mund të shkoj me ty te doktori, — tha e shkeli syrin. zëri i saj kumbues, përzihej me zhurmën e makinës fshirëse... zhurma më shqetësoi.

dola në ballkon, nxora cigaren nga paketa dhe e ndeza. thithja tymin e duhanit e, bashkë me të, edhe të ftohtin e janarit. lagështira e Londrës, dielli i Almerias. Adriana Maresku, Martha Klugh, Barbara Sloson...

Viola hapi derën e ballkonit e më foli lehtë: — ndoshta di të ta pikturoj imagjinatën! të paktën di ta lexoj. kur dukesh i trishtuar, ti je i lumtur. marroq!

sytë gri

u ul një piktor mbi shkamb me pikturue kalanë në një natë me hanë. mendoi se pasqyrimi i saj mbi lumë, do të ishte përrallor; aq sa ishte edhe frymëzimi i tij. sytë i ndaluan tek hana. e pau me ngulm atë. përmes njollave të murrme në hanë, vëreu dy sy. sy gruaje. sy të mëdhej, të errët si dy drita të zeza thellësie shpirti.

"shëtisin shpirtat qiellit", mendoi dhe shpejtoi ta hidhte mbi telajo imazhin. i mahnitur duke parë ata sy, dora s'i lëvizte lehtë. sa ma shumë largohej hana, aq ma të mëdhej baheshin sytë. a jeton njeriu për sytë e hanës!

*

* *

dielli i sheshoi sytë. drita e Zotit ua ndërronte ngjyrën. tash, ata sytë e hanës, të murrmë, ishin gri mbi telajo. piktori tashma ishte në ajër dhe jetonte muzën e vet diku mes hanës e natës dhe diellit e ditës. nuk ishte as realitet as mirazh ajo grua, sytë e së cilës ndërruan ngjyrë. i kishte parë ma herët piktori diku në një ishull të Kroacisë mbuluar me flokët e drejtë e të verdhë të një gruaje që i vinte në kujtesë si magji fëminije.

*

* *

tek zbriste malit teposhtë, ndali; një dritë e mbrendshme e zhvendosi mbrapsht në kohë. një vajzë e trishtë me sy gri, i foli nga brenda. "te furra e mahallës ke ndaluar në sytë e mi për herë të parë. edhe atë mbramje kishte hanë të plotë. ti dukeshe ma i trishtuar se unë. tash unë jam në ajër, ku të dua vetë. ti je kujtim i zbehtë. veç kujtim je dhe mirazh ditëve me diell verës."

kuqla

një grua e çuditshme sillej rrugëve m'atë mbasdite të nxehtë gushti. kërkoj vajzën time, thoshte dhe hidhte hapat me të shpejtë. sillej përqark qendrës së qytetit të vogël, jo shumë larg plazhit. flokët e çoroditun e fytyra e shlligun, mbuluar me djersë e puhur, nuk mund ta fshehnin bukurinë e syve të saj. sytë jeshil të hapët tek grija, flisnin për një vajzë dikur të hijshme. buzët e mprehta, lënin të dalloje dhambë të mëdhenj e të shëndetshëm. "jam bija e Aliut… jam bija e Aliut unë." vërtitej e vërtitej sheshit në qendrën e qytetit të lashtë e të vogël, jo fort larg plazhit.

"kërkoj nënën time, kërkoj bijën time", përsëriste pa ndalë e me ankth një vajzë me pamje jo të zakonshme. është bija e Aliut, është bija e Aliut…

sillej e sillej rreth sheshit të vogël të portit në qytezën e vogël bri plazhit, jo fort larg qytetit të moçëm e të vogël ku vërtitej si e marrë bija e Aliut.

*

* *

vajza e bijës së Aliut ishtë vishkull si e âma, veç ndryshe.

– shihe! shihja sytë e gjelbër, – foli një burrë në të tridhjetat. vajza dukej e hutuar. ishte e pluhnosur dhe e djersitur, por kjo s'ia fshehte hijeshinë e fytyrës. dhëmbët e mëdhenj e të bardhë, sytë jeshilë si gjethi i ri.

"jam mbesa e Aliut, kërkoj nënën time."

– shihja flokët! – foli një djalë njâ pesëmbëdhjetë vjeç, diç ma pak a diç ma shumë. – flokët e kuq. flokët e kuq të hapët, ma morën frymën, – foli djali. – nga anët tona, vajzat me flokët e kuq i thërrasim kuqla. kuqlat janë të rralla ndër ne. të gjithë çmenden mbas tyre. vajza me sytë e gjelbër, dhambët e mëdhenj e të bardhë, shtatin vishkull shelgu dhe, mbi të, flokët e kuq.

– kjo do të jetë nusja ime, – foli burri në të tridhjetat.

– jo! – shtrëngoi dhambët djali. – kuqla është imja. iu afrua vajzës e i foli në vesh.

të dy ikën me vrap.

*

*   *

në sheshin e qytetit të vogël, jo fort larg plazhit, gruaja me sytë jeshilë, ishte dhënë. askush s'e përfilli. e morën për të përdalë.

*

*   *

në mbrëmje vonë, nëse gjithçka do të shkonte mbarë, një djalë i ri do të hynte triumfator në qytetin mijëravjeçar. ai, e kuqla me sytë jeshilë. gjithçka përreth tij zbehej e mpakej si letra duhani… gruaja e çmendur kërkonte bijën e vet dhe mori rrugë nga jugu.

"jam e bija e Aliut, jam bija e Aliut", përsëriste tek t'hiqej zharg zallishtave të lumit.

*

*   *

ahengçinjtë arixhinj rrihnin lodrat, e vishkulla me flokët e kuq, u nder mbi batanijet e pista poshtë çadrave. gjithçka flitej në një gjuhë tjetër. kangët e vallet tjerasoj. arixheshkat dridhnin belin. tek e mbrama, të gjithë u ngritën në këmbë dhe ngarkuan mushkat. dasma kishte marrë fund.

*

* *

temperaturat e larta dhe thatësira e ajrit, ia kishin djegur lëkurën djalit të gjorë. tek çadra në rreshtin e parë bri bregut të detit, ishte kuqla me familjen e saj tek qeshnin. djali u ngrit dhe me vrap e i turpëruar nga vetja, u zhyt në ujin e njelmët. kuqla ia kishte lexuar ândrrën.

gruaja me çadër të bardhë

"nuk jam me ngut", foli nëpër dhëmbë. "nuk jam keq edhe kështu, në shi."

shiu binte shtruar, por pandalshëm. çadra e bardhë e mbyllur që mbante në dorë, çudiste më së shumti kalimtarët. një mesoburrë nuk duroi. ndaloi e i foli:

– zonjë, çfarë po bëni kështu? të gjithë kalimtarët po tallen me ju. pse e ngrini çadrën lart dhe e lëshoni ashtu pingul mbi pllakat e trotuarit, pa asnjë kuptim e asnjë qëllim?

ajo ngriti sytë me përtesë, pa burrin vëngër e bëri një shenjë mërzie tek shtrembëroi buzët. polici i rrethit, i cili nuk mund të dilte nga aty, vetëm e ndiqte skenën e qeshte. gruaja u ngrit nga stoli i betonit dhe u drejtua nga polici. iu afrua dhe i foli diçka. ai qeshi me të madhe e ia ktheu: – edhe unë ashtu bëj nganjëherë para se të marr shërbimin, por jo kur bie shi.

– po, – foli gruaja. – ty ta kalojnë se të shohin me uniformë polici. pritshmëria në rastin tënd është afër zeros.

gruaja largohej ngadalë duke rrotulluar çadrën e mbyllur me lehtësi të mahnitshme. polici u shpjegoi kureshtarëve se gruaja, ishte përpjekur plot njëqind herë ta lëshonte kunjin e çadrës ku bashkoheshin katër pllakat, por nuk ia kishte dalë. në të njëqindenjëtën, e kishte vendosur me dorë në pikëtakimin e pllakave.

— atë e pamë edhe ne, — foli një plakë pa dhëmbë në gojë, me ca qime të bardha poshtë gushës dhe me rroba të zeza të pista.

Davidi, shoferi i policisë, që qëndronte indiferent tërë kohën, i tha policit të rrethit të mos ngatërrohej me qytetarët në orar të punës. "e kur të ngatërrohem?" pyeti me vete polici i rrethit. "natën në gjumë?!"

— askush nuk e njeh atë gruan? — iu drejtua polici kureshtarëve sapo u largua makina e policisë.

— e njoh unë, — u përgjigj një burrë nga turma. — nuk është nga anët tona. tre-katër veta ia plasën së qeshurës e ca të tjerë u shpërndanë të mërzitur.

— asgjë interesante nuk pati e gjithë kjo, — foli një grua e imët në shtat, duke u përpjekur më kot të thante xhamat e gjyslykëve me fundin e bluzës.

— dihet, — tha polici duke qeshur e duke i hedhur një sy sahatit të qytetit. "edhe dhjetë minuta e vjen ndërresa", mendoi ai tërë qejf.

gruaja me çadrën e bardhë në dorë, po zhdukej tej në horizont, drejt stacionit të trenit. qytetin e mbuloi zymtia.

letra nga çmendina

bosh... bosh ishte jeta ime e mëparshme. nuk do të kisha gjë për të thënë po të mos ishim takuar bashkë. sa konfuzion kishte jeta më parë! nga dole ti?!

kështu më vjen në mendje filli pas kaq kohësh. dhe nuk është vetëm kjo, Filip; janë orët e udhëtimit bashkë, në atë tren të stërgjatë e të tymosur. e kujtoj si sot, që ti doje të ishte anije... dhe tymi që futej nga dritarja, ku ne rrinim ulur pranë njëri-tjetrit.

unë tani e di se ti nuk të doje ta dëgjoje trokitjen monotone të rrotave mbi shina. ndoshta doje të shihje pulëbardhat teksa na ndiqnin dhe të ecje mbrëmjeve në pjesën e përparme të anijes. të ishe atje i vetëm dhe era të të frynte në fytyrë e flokët e tu të rendnin pas.

oh! sa vetëm ndihem tani! jam këtu fillikat, ulur në vagon të kthimit dhe pranë meje nuk kam askënd. vetëm hija jote më shoqëron. e di që pas një viti do të shihemi përsëri. mund ta bëjmë me avion radhën tjetër. këtej nga jetoj unë, andej nga jeton ti, ose diku gjetkë, s'ka rëndësi. nuk e di. më pëlqente që ishte pak e errët dhoma. ulnim perden poshtë e bënim sikur ai ishte çasti që u njohëm. oh! rrugës për Barcelonë ishim futur në tren si dy të panjohur. kur erdha në kabinë, të buzëqesha dhe të pyeta: "a mund të ulem?" ti ma pate kërkuar vetë këtë. ka vite që takohemi e përherë jemi "të panjohur". kaluam orë e orë në tren. në dhomën tonë. duke folur, duke u parë në sy, duke u prekur gishtërinjsh.

Barcelona qe zgjedhja ime. ti zgjidh herën tjetër, kështu e lamë. kudo të jetë, por bregdet veç. a di çfarë? as që më intereson fare. veç të jem me ty. edhe sikur një natë në vit. si dy të panjohur të përhershëm, që ndiejnë se flasin edhe me shikime.

Barcelona për mua ishe ti. ishte dita që po rendte drejt ngrysjes kur ne shkuam në dhomën e shumëpritur. do të njiheshim pak më tepër. unë do të të prekja në errësirë, kudo nëpër trup. do të ndihesha pak e ndrojtur në prekje se, fundja, të panjohurit kanë ndrojtje. unë kam. po ti Filip?

unë në ndrojtje, duke u zhveshur, qeshja me zë. jam pak e marrë, apo jo? kështu e fshihja skuqjen në fytyrën time të bardhë, në atë errësirë vishnje. pse i mbështjellin dhomat me kadife ngjyrë vishnje, Filip?

tani që të shkruaj, dëgjoj zërin tënd. si më flet ulët, duke më pëshpëritur në vesh. dhe sytë e mi që perëndojnë. pastaj, qeshja shndërrohet në një rënkim të vakët, klithje. hah! sikur pyetëm ne për konduktorin. më vjen për të qeshur kur iu përgjigje ashtu, tullë, kur të pyeti në ishte gjithçka në rregull:

"po, gjithçka nën kontroll. veç, gruaja ime rënkon kur bën dashuri."

orët nuk ndiheshin. unë e kisha ndalur kohën dhe gjithçka tjetër. bota ime ishte një dhomë e errët treni për në Barcelonë dhe një burrë i panjohur që më pushtonte plot afsh.

kush je ti, Filip? kush je? nga je e çfarë bën? e kështu, kështu. ti thua se nuk ekziston, por unë ta kam prekur ekzistencën Filip. a di çfarë? nuk u besoj pallavrave të tua njëshekullore. nuk ka si të jesh i viteve të njëzeta të shekullit të kaluar ti! si do të më puthje po të ishe vërtet ashtu? si do të më pushtoje? nuk ka se si të më çojë në klithma një burrë i shekullit të kaluar. jo. absolutisht e pamundur!

ja tani si endem brigjeve të Marmarasë, veshur me të bardha. nuk jam sirenë deti, jo. as besoj në zana. jam grua vetmitare, ëndërrimtare. kështu do të endem në këmbë bregdetit, e vetmuar, me mendjen tek një burrë i panjohur, që thotë se është i viteve të njëzeta të shekullit të kaluar. broçkulla! do t'endem e vetme derisa të gjej një të dashur të panjohur diku në ndonjë anije dhe të më afrohet qetë-qetë.

"unë quhem Filip. udhëtoj i vetëm. po ju, zonjë?"

"unë? unë jam Jordana, grua e shekullit të njëzetenjëtë, zoti Filip. unë nuk lë gjë pa bërë. a të ta kafshoj qafën pak? u bë një vit pa u njohur.

vitin tjetër, kujto, që do të shihemi prapë. në Varna.

me dashuri,

Jordana Theodhori.

*

* *

Jordana!

nuk të kuptoj fare çfarë ke shkruar. jo që nuk kuptoj asgjë, por se ç'më ngatërron me ca fjalë që nuk i kam dëgjuar më herët. ne nuk udhëtuam me tren për në Barcelonë. u takuam në Barcelonë, por nuk udhëtuam bashkë. dhe nuk ishte siç thua ti, diçka në kohë të ndryshme. ishte 17 korrik 1926. unë kisha punë të miat dhe pata zënë vend në Barcelonë në një hotel luksi. jo aq për hir të luksit, por për t'i dhënë vetes pak rëndësi, mbasi ishte një çështje pak e ngatërruar e duhej të dukesha i pasur. shumë i pasur. "*Hotel Colon*" ma kryente më së miri këtë nevojë.

ishte një natë e mrekullueshme dhe kishin zbritur të gjithë në hollin e hotelit. kishte ballo. një rus i bardhë, shumë i pasur (ndër më të pasurit në qytet), kishte vendosur për ballon. thuhej se e bënte shpesh këtë. unë isha me një miken time nga Zagrebi, kur u shfaqe ti. isha mjaft mirë me zonjushën Kalinka; nuk kisha kërkesa të tjera atëbotë. ajo m'i plotësonte të gjitha shijet, dëshirat dhe nevojat. Kalinka ishte pianiste, jo unë. unë vetëm i pata blerë asaj një piano (ndër më të mirat), në Berlin. baba im kishte para pa fund. ishte ndër vllehët më të pasur të Shqipërisë. ne jetonim në Durrës, por babai kishte blerë shumë shtëpi, gjithandej. njëra ishte në Zagreb. atje u shkollova unë dhe, që atje, shëtisja krejt Evropën.

me Kalinkën u njoha ndoshta një vit para se të takoheshim bashkë. ishte studente në një konservator të Berlinit. studionte piano. Kalinka ishte vetëm nëntëmbëdhjetë vjeçe, unë tre vite më i rritur. para se të njiheshim, ajo ishte prostitutë. punonte vetëm dhe në sekret. kishte një punë vetëm dyorëshe në një stacion radiofonik të qytetit, ku shkonte pesë ditë në javë dhe luante në piano gjatë intermexove.

Kalinka edhe këndonte bukur. ishte shtatlartë, me flokët e shkurtër, të verdhë. sytë gri e dhëmbët të mëdhenj e të bardhë, belhollë e gjoksngritur. ishte konkurrente me këdo. një rus e krahasonte atë me një aktore filmash nga Londra, emri i së cilës nuk më kujtohet tani. ja, kështu pak a shumë jetonte Kalinka. pa të dashur, vetëm me klientë, të cilët vinin nga shtresat më të pasura e të kulturuara të Berlinit. ajo i zgjidhte ata si donte vetë. kishte nuhatje të rrallë, por edhe mundësitë që ia jepte puna në radio. aty, ajo kishte tërhequr pa u diktuar listën e pasanikëve të qytetit, të cilët reklamonin në radio tregtitë apo prodhimet e tyre. tregtarët e joshnin më shumë. ata ishin përherë në lëvizje dhe nuk i vardiseshin tepër. për ta, Kalinka e re dhe e bukur ishte si qershi e, ata për Kalinkën, ishin si bankë. kupton?

...

mbasi ti ndërhyre në mënyrën më brutale të mundur mes meje e Kalinkës, gjithçka mori drejtim tjetër. Kalinka u prek dhe iku lart në dhomë. unë e ndoqa pas e ti pas meje. nuk të kisha parë më parë, asnjëherë, dhe çuditesha me këmbënguljen tënde që ne të dy ishim dashnorë të kahershëm. vetëm nishani yt mbi vetull më lëkundte pak, por jo. jo, ne nuk ishim parë herë të tjera. kur trokita në derën e dhomës sime të hotelit në katin e katërt, dëgjova Kalinkën teksa fliste me dikë në telefon dhe prita pas portës derisa ajo më tha se priste një tjetër, me të cilin sapo kishte rënë dakord të kalonte natën. nuk i besova në të vërtetë, por bëra sikur u inatosa dhe ika nga hoteli. ty nuk të mbaj mend që më ndoqe. vetëm si në mjegull më vjen, ngaqë kisha lënë gjithçka mbrapa në dhomën e hotelit, me vete kisha vetëm pak, shumë pak të holla për të zënë hotel tjetës luksoz. ti m'u afrove dhe the se paratë nuk ishin problemi im, kujtesa po.

zumë një hotel të lirë me dhoma të vogla, të veshura me kadife ngjyrë vishnje. ja çfarë ishte dhoma jonë, nuk ishte dhomë treni, siç shkruan ti. dhe tymrat nga dritarja e vagonit të trenit rrugës për Barcelonë, nuk kanë ekzistuar. ka qenë era e qelbur e banjës së përbashkët që kishim me jabanxhinjtë e tjerë në dhomat e katit tonë. dera e banjës nuk mbyllej mirë dhe era e rëndë kutërbonte hotelin. dhomën nuk do ta quaja romantike, aspak. ama aspak. por as gishtërinjtë... asgjë nuk më bie ndër mend.

patëm pirë atë natë. kjo po, më kujtohet krejt qartë. shkuam të dy në një dyqan pijesh dhe blemë një shishe rum, të cilin e rrëkëllyem shpejt e shpejt.

ti ma përshkruan hollësisht si u dashuruam, por unë nuk mbaj mend të jemi dashuruar ndopak. fare. ama fare fare. vetëm më kujtohet kur u ngrita nga shtrati në mëngjes, ti më shihje me dëshirë, por nuk kërkove asgjë e unë, duke u munduar me tërë fuqitë e mia të ruaja drejtpeshimin, ia dola të vishesha pa u rrëzuar.

nuk e kuptoj letrën tënde, Jordana. ti thua se ne shihemi çdo vit, një herë në vit dhe për herë të parë përherë. si ka kuptim kjo, Jordana? pastaj, ti thua që ne do të shihemi sërish, ndoshta në një bregdet, a diçka e tillë. ç'është kjo? kur e kemi lënë këtë takim? në ç'vend? interesant! ja, kur mendon njeriu që i ka vënë punët për vijë, gjen një zarf nën derë, e hap atë dhe gjen letrën e një gruaje që thotë se është e dashura jote dhe ofron prova e takime.

Jordana, unë jam djalë i vetëm në një familje të pasur nga Durrësi, por që ka shkëputur lidhjet me vendin e tij. nuk dua ta pranoj, por mbasi të gjithë ma thonë, e po, unë jam pak i llastuar dhe pa karakter të qëndrueshëm. tani, a e kupton se nuk ka si të jesh e dashura ime? emri im nuk është Filip. Filipi e kam mbiemrin. emrin e kam Jakov. Jakov Filipi.

nuk e di nëse do të shkruash më (nuk mendoj), por nëse po, do të të tregoj çfarë ngjau me Kalinkën.

me nderime,

Jakovi.

epilog

në këto rrëfime të thyera, takuam ata që mësuan të mbijetonin nën rrënojat e ëndrrave e tyre, nën simfoninë e tyre të pikëllimit, pamë hije që thellohen në muzg, shpirtra si peizazhe të vraga nga stuhitë, jehona ëndrrash të shkatërruara, që vazhdojnë të enden nëpër labirintin e ekzistencës. mjegulla që varen poshtë duke turbulluar horizontin ikonë në një siluetë spektrale; qytete si entitete që frymojnë, qytete kontrastesh, ku falsifikohen ëndrrat dhe thyhen zemrat.

ndërsa mjegulla fillon të shpërhapet duke zbuluar një ag të ri, na kujton se asgjë nuk ka përfunduar. e ardhmja, ashtu si e kaluara, na shpaloset me dritën e parë, e cila fillon të pikturojë qiellin dhe nxit qytetet të zgjohen sërish e sërish.

nga rrokaqiejt e lartë deri te rrugët e lashta me kalldrëm, përshkojmë një skenë në të cilën shpaloset drama dhe gëzimi i jetës: historia jonë është larg të qenit e përfunduar. kapituj të rinj do të shkruhen ditë pas dite dhe do të vazhdohet të gjehet frymëzim dhe ngushëllim brenda përqafimesh të reja.

do të vazhdojmë të përshkojmë qytete me shtresa të pafundme, ku histori dhe njerëz vallëzojnë në një tango të pandërprerë; nën tisin e natës, do të jetë gjithmonë një dritë që pret t'i shkosh përballë...

Përmbajtja

Epilog